JN016435

教科指導法シリーズ
改訂第2版

小学校指導法

家庭

池﨑喜美恵
編著

玉川大学出版部

改訂第2版まえがき

グローバル化の進展，AI（人工知能）などの技術革新が急速に進み，社会構造や雇用環境が大きく変化していく中で，これからの社会がどのように変化していくか予測困難な時代である。学校で学んだことが，時代が変化したら子どもたちの将来に通用しなくなるのではないかという懸念がもたれる今日となった。そこで，子どもたちに情報化やグローバル化などの急激な社会的変化の中でも未来の担い手となるために必要な資質能力を養うことができる学校教育を実現するために学習指導要領の改訂が行われた。自らが課題を見つけ，自らが学び考え行動できる子どもたちを育成するために，より良い社会や人生を切り拓いていく力が求められている。こうした状況下で，2017（平成29）年，新しい学習指導要領が改訂され，2020（令和2）年から実施されることになった。

このような教育界の流れに沿って，本書は，小学校の家庭科を指導するに当り，学習指導要領の趣旨をよく理解し，改訂を踏まえた望ましい家庭科教育を推進できるように作成した。

このテキストの構成を家庭科に関する理論編と実践編とに分け，家庭科を指導するために必要な事柄を集約した。第Ⅰ編では，家庭科や家庭科教育に関する理論として，家庭科教育の本質，目標，内容について，そして今日に至るまでの家庭科の歴史について概説した。また，家庭科の学習指導や評価について理論的な事項を整理し，解説した。第Ⅱ編では，第Ⅰ編に記述した事項を踏まえて，児童に家庭科を指導するうえで必要な基礎的な知識を教材研究としてまとめた。例えば，家族・家庭生活，食生活，衣生活，住生活，消費と環境について指導するうえで必要な事項を解説した。また，家庭科の学習指導計画や授業実践例，家庭科の施設・設備など，指導上習得しておくべき事項を概説した。そして，家庭科教師として望ましい資質や力量が養えるよう，テキストの編集を心がけた。

今回，本書の前身である『教科指導法シリーズ　小学校指導法　家庭』（玉川大学出版部）に掲載されている資料の更新を図り，執筆者を加えるなど一層の整備・充実を図った。

家庭生活や家庭科の教科観に対する従来の意識を払拭し，新時代の要請に適った認識をもつことができるようになることを望む。また，社会や家庭の変革が著しい今日において，家庭科教育に求められている教育課題に迫り，子どもたちが主体的に学び，活動できる授業を創造する指導力の育成が図れることを期待する。

本書を学習するに当って，次のことを留意してもらいたい。

①テキストをよく読み十分理解する。
②内容に関する疑問については，専門書や辞書などを利用して，よく理解する。
③教材研究をする際には，児童に学習指導をする視点からさまざまな工夫をする。
④家庭生活を対象とするので，価値観や好み等主観的になりがちだが，客観的な視点を見失わないようにする。
⑤レポートをまとめるときは，出典を明らかにし，自己の意見や考えと区別する。
⑥家庭科の内容として技術等に関する事柄があるが，実際に実習してみて，技術の習得に努める。家庭科の指導を効果的にするには，技能の習熟も大きな要因であるからである。

最後に，本書の刊行に当り，引用または参考にさせていただいた資料の関係者の方々に謝意を表す。

池﨑喜美惠

目次

Ⅰ　家庭科教育の理論と方法

——意義と役割，目標と内容，歴史，学習指導，評価——

第1章
家庭科教育の意義と役割

学校教育の一教科として設定されている家庭科は，どのような特質をもった教科であろうか。家庭科を指導する教師は，家庭科教育の意義や家庭科の性格や教育的特質を熟知しておくことが必要である。人間教育の一教科として存在する家庭科は，学校教育において大きな役割を果たしている。そこで，本章では「家庭科」「家庭科教育」の概念を明らかにし，家庭科教育の意義や役割を学習する。また，家庭科を指導するに当たって，子どもを取り巻く家庭生活の現状や心身の発達状況を概説し，これらを踏まえた家庭科教育の今後の方向性を考える。

キーワード　家庭生活　家庭教育　生活的自立　実践的・体験的な学習

第1節　家庭科・家庭科教育の本質

1．家庭科

(1) 家庭科の教科理念

家庭科は，学校教育における教科の一つで，小・中・高等学校の教育課程の中に位置付けられている。それぞれの学校段階での教科名称と履修学年・履修方法は表1-1に示すようになっている。小学校段階では「家庭」という教科名で男女共修である。中学校段階では「技術・家庭」という教科名で，技術分野と家庭分野とに分かれ，すべての生徒に履修させることにした（2021（令和3）年より実施）。高等学校段階では「家庭」という教科名で，「家庭基礎」「家庭総合」の科目が設定され，2科目の中から1科目をすべての生徒が履修することになっ

表1-1　家庭科の位置付け

学校段階	教科名	履修学年	授業時間・単位数	備考
小学校	家庭	5学年 6学年	60単位時間 55単位時間	
中学校 (2021〜)	技術・家庭 (技術分野・家庭分野)	1学年 2学年 3学年	70単位時間 70単位時間 35単位時間	教科の目標は，同一，各分野ごとに目標が設定 技術分野　A材料と加工の技術(1)〜(3) B生物育成の技術(1)〜(3) Cエネルギー変換の技術(1)〜(3) D情報の技術(1)〜(4) 家庭分野　A家族・家庭生活(1)〜(4) B衣食住の生活(1)〜(7) C消費生活・環境(1)〜(3)
高等学校 (2022〜)	各学科に共通する教科「家庭」 家庭基礎 家庭総合 専門学科において開設する教科「家庭」		 2単位 4単位	 すべての生徒が1科目履修 21科目

た（2022（令和4）年より実施)。家庭生活に関することを学習内容とし，生活主体を育むことに軸足をおいて教科内容を編成している。学校段階が進むにつれて，学習内容の範囲も広がっていく。小学校家庭科は，中学校や高等学校の家庭科の基礎となっており，子どもたちが成長していくにつれ，生活の自立が図れるようにすることを目的としている。

家庭科は，家庭生活を営むために必要な衣・食・住生活や家族，保育，家庭経営，消費，環境等に関わる知識や技術を実践的・体験的な学習を通して習得し，家庭や社会の構成員として望ましい人間を形成することを目的としている。

21世紀の人間教育として家庭科に求められていることは，教科理念としての「自立」「共生」「人権」の視点から，問題解決ができる力を育てることであるともいわれている。

また，家庭科は家庭生活の改善向上を図る実践的な能力と態度を育成すること，生活技能の習得や生活の科学的認識を目指し，実生活における矛盾や課題を解決する問題解決能力を育成すること，実践的・体験的な活動を通して生活に対する関心を深め，創意工夫する能力を育成するところに教育的価値がある。また，広義にとれば，生活者の視点から市民性を育む教育（シティズンシップ教育）として捉えることも必要となってきた。つまり，家庭科の独自性は，実践的・体験的な学習を通して家庭生活の自然科学的，社会科学的認識や生活技術の習得などにより，生活を見つめ，創造・発展させるところに見いだすことができる。

第1章第3節でも言及するが，子どもを取り巻く生活環境は変容し，家庭教育力の低下が指摘されている。このことを踏まえると，男女共同参画社会の推進や少子高齢化などに対応して，家庭のあり方や家族の人間関係などに関する内容を充実させ，生活的な自立能力を培うこと，環境に配慮した将来の生活を設計するために課題解決をしながら創意工夫をする力を育成することは，新時代における家庭科に課された役割といえよう。

(2) 家庭科の存在意義と必要性

家庭科以外の教科でも家庭生活に関して指導する機会はあるが，家庭教育力の低下が憂慮されている今日，学校教育における家庭科の存在意義を強調しなければならない。家庭科が発足して間もない1956(昭和31)年の学習指導要領に，小学校第5・6学年に家庭科が設定されている理由が述べられている。その理由を要約すると，①家庭生活の諸事象を論理的に追究したり，その因果関係を分析したり，あるいは適切な判断をくだすことができるような知的発達段階に到達していなければならない，②系統的に理解し，練習しなければならない家庭生活の技能の習得には，手指の巧緻性の発達をまたなければならない，③家庭生活についての系統的，全体的な理解や技能には，ある程度他の教科で学習した基礎的な理解や技能の総合的・応用的な能力を必要とする，ということができる。このような理由から，小学校第5・6学年に家庭科が設定されているが，今日の児童の発達や家庭生活の実態などから考えると，第1・2学年で学習する生活科と連動させて，現在，家庭科が設定されている第5学年より下の学年から指導することも再考する必要がある。

また，家庭生活に関わることは家庭で親から習えばよいのではないか，という意見も顕在化していることは否定できない。家庭生活に関することは，実際の場面で家族からの指導を直接的かつ具体的に受ける機会も多いし，その効果も大きい。しかし，家庭教育には，次のような問題点があるので，教科としての必要性が叫ばれるのである。①家庭生活における価値観が家族集団によって異なるので，今日の価値観の多様化が進む中では教育の状態も変わってくる。②家族の小規模化や単親家庭，共働き家庭など家族構成が変化してきており，家庭生活に関わる基本的な事項を家庭の中では十分教育できるとはいえない。③高度情報化，科学技術の進歩，家事の機械化・外部化など社会の変化が著しい今日の現状に鑑み，生活に関する知識や情報及び技術などを家族集団が質的にも量的にも備え，適切な対応ができるとはいえない。④家庭における教育はその場限りであり，必要性が生じたときのみになされるので系統性に欠ける。⑤家庭教育は単なる経験やしつけに終わりがちであり，科学的な認識に欠ける。このように，家庭教育には様々な問題点があるため，学校教育において教科としての指導が必要となってくるのである。

日本家庭科教育学会が2016（平成28）年に実施した高校生及び社会人を対象とした調査から，家庭科の存在意義や必要性を証明することができる。

家庭科を学んだ社会人の約95%が「学んでよかった」と回答していた。卒業後の生活の中で，家庭科で学んだことを活用することで改めて学習の意味を実感していた。

また，家庭科はどのような教科であるかについて，「身辺整理の仕方について学ぶ教科」（高校生96%，社会人91%），「人間の生活について総合的・実践的に学ぶ教科」（93%，88%），「将来の結婚・子育ての知識や技術を習得するための教科」（90%，73%）などを上位に挙げていた。1990年代の社会変化を背景とした家庭科の学習内容や視点の広がり，男女共修という履修形態などが教科観にも影響していると推察できる。

さらに，家庭科を学ぶことで「生活の知識や技術が身に付いた」（92%，85%），「家庭生活は男女が協力して営むものであると考えるようになった」（90%，63%）と回答し，男女が共に学ぶことで男女の協力意識が育てられたと考えられる。

この調査結果は，家庭科を学んだことの意義や有用性のエビデンスとなりうるといえる。

2. 家庭科教育

(1) 家庭科教育の性格

学校教育における各教科の教育を教科教育という。家庭科教育は家庭科の学習を通して児童生徒に家庭生活の意義を理解させ，家庭生活を営む認識と意欲をもたせ，家庭生活の充実向上を図り，より望ましい家庭生活を創造する実践的能力をもつ人間を育成することを目標としている。

家庭科教育は次のような性格を有している。

①家庭生活や家族を学習対象とする。家庭生活に関する学習は他教科や特別の教科である道徳，特別活動でも行われるが，家族や家庭生活について重点的に学ぶ教科は家庭科以外にはない。

②家庭生活を総合的に捉え，総合的に学習する。総合的の意味として，家庭生活は，人と人，人ともの，人と環境，人と情報との関わり合いによる総合的な営みである。また，衣・食・住，保育，家族関係，家庭経営，消費，環境などの内容に関する知識や技術などを有機的に関連付け，総合的に学習する。さらに，家庭科の基礎科学は家政学である。家政学は人文分野，社会科学分野，自然科学分野などの研究領域から構成されている学際的な学問である。家政学が総合的な学問であるため，それを基礎科学とする家庭科も総合的な性格を有する。

③家庭生活の改善向上を図る実践的能力と態度を育成する。家庭科は実験・実習・調査・観察などの実践的・体験的学習を通して，実践的能力を育成することを目指すが，学校教育の場だけで実践力が身に付くわけではなく，実践の場は家庭や地域である。したがって，家庭や地域との連携を図って有効な学習を進めていかなければならない。

④実践的・体験的な活動により生活に対する関心を深め，創意工夫をする能力を育成する。生活をよりよくしようとする欲求は，人間がもつ潜在的意識であり，創造的な能力を培うことが生活の改善向上の緒となる。

⑤生活技能の習得や生活の科学的認識を目指し，実生活における矛盾や課題を解決する課題解決学習を進めていく。

⑥職業に必要な能力と態度を育成するための職業教育としての専門性を高める。

ただし，小学校段階では職業教育としての家庭科教育まで考える必要はない。

以上のように家庭科教育は，総合的な性格，実践的な性格，創造的な性格，専門教育的性格などが挙げられる。

また，家庭科教育が目指すものとして，家庭科は次のようなものを学ぶ教科として捉えている意見もある。①生活の文化（知識や技術・技能）を学ぶ。私的な生活である家庭生活についての知識や技術・技能を学び，それを担う力量を身に付けるのが家庭科教育である。②生活の諸環境について学び，考える。家庭生活は地域や社会などの諸環境と密接な関係にあるので，家庭生活を安定して営むためにはどうしたらよいかを考える力を身に付けていく教科である。③民主的な家族について学び，考える。男女共同参画社会を構築していくためにも，性別にかかわらず，自分の意志で個性や能力を発揮できる社会を実現させるために，男女がどのように生きていくかを考えることが家庭科教育の課題である。また，年齢や障がいの有無にかかわらず，人間としての尊厳を保つ，民主的な家族関係のあり方を学ぶのが家庭科教育である。

(2) 生涯学習と家庭科教育

1965年，ラングラン（Lengrand, P.）により生涯教育の理念が提唱された。科学技術の進歩，産業構造の変化，情報化社会の進展等社会の変化に対応するとともに，人間として生きることを全うするために，また各自の能力や資質を最大限に生かすためにも教育の果たす役割は大きい。この教育は生涯にわたってなされるべきであり，義務教育修了後，就学の時期や方法を弾力的なものとし，労働などの諸活動を交互に行えるようにすることが要請された。

私たちの一生を捉えた場合，教育の場は学校教育，社会教育，家庭教育という3つの場がある。家庭科教育と家庭教育との相違は，まず教育の場が異なる点が挙げられる。学校という場で教育するか，家庭という場で教育が行われるかの違いである。時間的制限からみると，家庭科教育は学年ごとの単位時間数や1日の授業時間数，1時間の授業時間など制約があるが，家庭教育では人間の生命の誕生から死を迎えるまで，制約はないといってもよい。ただし，家庭教育を受ける立場から，家族をもつことにより，子どもたちに家庭教育をする立場に変わる。また，家庭科教育には精選された教材があるが，家庭教育には教材がない。さらに，家庭科教育は教育の専門家が子どもたちにどのような知識や能力を習得させるべきかを熟考して教育が行われるという，いわゆる意図的な教育であるが，家庭教育はこの点では無意図的教育といえる。
また，社会教育において家庭生活に関わることは幼少の頃であれば，ボーイスカウトやガールスカウトなどで経験することもあろう。成人になってからも，資格の取得やカルチャーセンターなどで趣味を生かして講座を受講したり，学校に通って学んだりするなど，リカレント教育の機会も充実してきている。
このように生涯教育において，家庭生活に関わることをテーマとして学ぶことは，自己の日常生活に還元され，人間らしく生きていくためにも有益である。文部科学省など公共機関では，学習者が主体的に学ぶことを強調して，生涯学習として推進している。21世紀の社会では，生涯学習として家庭生活に関わることに積極的に取り組んでいくことは時代の要請ともいえる。学校教育における家庭科教育だけでなく，これらを包括する概念である家政教育として捉えていくことも必要である。

(3) 家庭科教育の今後のあり方

①家庭生活をよりよくしようとする意欲の育成

家庭の機能の弱体化が指摘されている今日，家庭科教育に大きな期待が寄せられている。しかし，家庭科教育が家庭生活に関わることをすべて担うことは困難である。そこで，家庭科教育の家庭教育への関わり方が問題となる。家庭科教育の実践の場が家庭であるので保護者との連携が必要である。そして，家庭の実態が多様化しているため，画一化した家庭を理想として掲げることは避けるべきである。多様な家庭を容認しながら，人間性に基づいた家庭を探り，家庭生活の改善向上を図っていくことを追求しなければならない。

②生活的自立能力の育成

自立には生活的自立，精神的自立，経済的自立などがあるが，小学校段階の子どもにとっては，生活的自立は非常に大切なことである。自分の身辺のことを自分で処理できるということは，子どもから老人に至るまで生涯にわたって必要な能力である。国際化社会・高齢社会・男女共同参画社会の確立に向けて，将来を担う子どもたちに生活的自立能力を身に付けさせることは，我が国の発展のためにも急務である。特に，健康や命に関わる食生活に関する知識や技術は，高齢社会に向けて最も大切なことである。

③総合的な判断力の育成

情報や物が氾濫している現代，自己や家族にとって有用な物を取捨選択して利用する力を育成したい。具体的な生活の場面の中で，子どもたちが知識や技術を駆使して総合的に判断できる能力は必要不可欠である。

④生活リテラシーの育成

日本家庭科教育学会では生活リテラシーの概念を，知識や技術を活用し良い暮らしを作ろうとする力と捉えた。家庭科の学びが導く生活リテラシーとは「1つのことを学び，そこからつながり，生活を成り立たせている道理が分かる」，それが社会的課題にも応用されていくところにあるというわけである。well-beingのためによりよい生活を営む力，よりよく生きるための生活を創造する実践力をつけるためには，既存社会への適応と生活の中で活用する力や当たり前を見直す力が必要となってくる。生活を包括的に捉える視点をもち，知識・技能の活用方法を身に付け，実生活で応用し，展開していく力をつけていくことが，現代社会にとっては必要となろう。

以上のように，児童一人一人が家庭生活の大切さを見直し，知識や技術を習得して生活的自立が図れ，家庭生活のあるべき姿を見いだすことができれば，将来の日本を担う子どもたちの原動力として役に立つ家庭科教育となるであろう。

第2節　教育課程における家庭科

1．教育法規と家庭科

家庭科は学校教育における1教科であるので，公教育に関連する諸法規について理解する必要がある。主な関連法規として日本国憲法，教育基本法，学校教育法，学校教育法施行規則，学習指導要領がある。ここでは，教育基本法と学校教育法，学校教育法施行規則について解説する。

(1) 教育基本法

日本国憲法の精神にのっとり，新しい日本の教育のあり方を示唆した教育基本法が1947（昭和22）年に制定されてから70年以上が経過した。この間，科学技術の進歩，情報化，国際化，少子高齢化など，我が国の教育をめぐる状況は大きく変化し，様々な課題が生じてきた。このような状況に鑑み，2006（平成18）年，約60年ぶりに教育基本法が改正され，新しい時代の教育の基本理念が明確になった。

改正教育基本法第1条では教育の目的として，「教育は，人格の完成を目指し，平和で民主的な国家及び社会の形成者として必要な資質を備えた心身ともに健康な国民の育成を期して行われなければならない」と述べている。

第2条では教育の目標として，「教育は，その目的を実現するため，学問の自由を尊重しつつ……」，5つの目標を掲げた。

第3条では生涯学習の理念，第4条では教育の機会均等として，「すべて国民は，ひとしく，その能力に応じた教育を受ける機会を与えられなければならず，人種，信条，性別，社会的身分，経済的地位又は門地によって，教育上差別されない」と規定した。（以下省略）

教育基本法で定められているように，家庭科教育では性別によって区別されることなく平等に教育を受け，実生活に即しながら文化の創造や発展に貢献できる平和的な国家や社会の形成者として，心身ともに健康な国民の育成を目指して教育することが求められている。第3章第2節でも後述するが，男女が共に学ぶ現在の家庭科が学校現場で実践されるようになったのは，我が国が1985（昭和60）年，女子差別撤廃条約を批准するに当たり，第4条の教育の機会均等（旧教育基本法では第3条）による性別により教育上差別されないという文言に抵触することが一要因でもあった。

(2) 学校教育法

1947（昭和22）年に制定された学校教育法は，2007（平成19）年に，改正教育基本法の新しい教育理念を踏まえ，新たに義務教育の目標を定めるとともに，幼稚園から大学までの各学校種の目的･目標を見直した。さらに，2017（平成29）年に一部改正された。改正教育基本法の第5条2項の義務教育の目的を達成するために，小学校は，心身の発達に応じて，義務教育として行われる普通教育のうち基礎的なものを施すことを目的とした（第29条）。そして，義務教育として行われる普通教育は，10項目の目標を達成するよう行われるものとした（第21条）。

(4) 家族と家庭の役割，生活に必要な衣，食，住，情報，産業その他の事項について基礎的な理解と技能を養うこと。
(8) 健康，安全で幸福な生活のために必要な習慣を養うとともに，運動を通じて体力を養い，心身の調和的発達を図ること。

家庭科に関しては，小学校の10項目の目標のうち上記の(4)と(8)の項目が特に関係が深い。つまり，子どもたちが自己の家族や家庭について認識を深め，日常生活に必要な衣，食，住等について基礎的な知識と技能を養うこと，健康，安全で幸福な生活のために必要な習慣を養い，心身の調和的発達を図ることなどが，家庭科を指導する上で考慮することである。

(3) 学校教育法施行規則

2017（平成29）年に学校教育法施行規則の改正が行われ，小学校の教育課程が表1-2のように改訂され，2020（令和2）年から施行されることになった。小学校の教育課程は，国語，社会，算数，理科，生活，音楽，図画工作，家庭，体育及び外国語の各教科，特別の教科である道徳，外国語活動，総合的な学習の時間，並びに特別活動によって編成され，家庭科は第5学年60単位時間，第6学年55単位時間が配当されている。1単位時間は45分である。

表1-2　小学校教育課程

区分		第1学年	第2学年	第3学年	第4学年	第5学年	第6学年
各教科の授業時数	国語	306	315	245	245	175	175
	社会			70	90	100	105
	算数	136	175	175	175	175	175
	理科			90	105	105	105
	生活	102	105				
	音楽	68	70	60	60	50	50
	図画工作	68	70	60	60	50	50
	家庭					60	55
	体育	102	105	105	105	90	90
	外国語					70	70

特別の教科である道徳の授業時数	34	35	35	35	35	35
外国語活動の授業時数			35	35		
総合的な学習の時間の授業時数			70	70	70	70
特別活動の授業時数	34	35	35	35	35	35
総授業時数	850	910	980	1015	1015	1015

第3節　児童の発達と家庭科

1．児童の家庭生活の実態

(1) 家族構成の変化

子どもの家族構成の変化を概観する。2017（平成29）年版の国民生活基礎調査によると，平均世帯人員は1986（昭和61）年には3.22人であったのが，1998（平成10）年には2.81人に減少し，2017（平成29）年には，2.47人となり，さらに家族の小規模化が進展した。また，児童のいる世帯は，1986（昭和61）年では46.2%であったのが，1998（平成10）年には30.2%，2017（平成29）年には23.3%に減少した。

このように，平均世帯人員とともに子どもが生活している家庭は規模が小さくなり，単親家庭や単身赴任の家庭，ステップファミリーなど多様な家族の形態が存在している。緊密な人間関係の中で親の強い期待や過干渉，過保護という養育態度の変化が垣間見られる。このことは，子ども部屋を優先して間取りを考えるなどの子ども中心の生活習慣や，きょうだい数が少ないことから子ども同士の喧嘩，我慢，いたわり合いの経験が少ないなど，子どもが成長する過程で自然に身に付くであろうことを体験していないという問題もある。祖父母など高齢者と関わる機会も減少し，伝統的な文化や生活習慣の継承がされにくくなったことや，高齢者に対するいたわりの軽視など，情緒面での憂慮すべき現状も指摘されている。

(2) 家庭生活の変化

家庭生活に目を向けると，産業構造の変化により家庭内の生産機能は企業へ移行し，冠婚葬祭や人の集まりなども家庭外の公共施設に移譲するなど，これまで家庭内で賄われていた仕事は社会化された。また，女性の就業者が増大し，共働き家庭が一般化し，所得水準や消費水準の向上により，国民の大半が中流意識をもつようになった。このような社会環境の変容により，子どもの生活は画一化され，物質的には恵まれてはいるが，物を大切にすることや創意工夫などメンタル的な面の希薄さがみられる。また，物が作られる過程を知らず，物に働きかけて価値を生み出していくことの意味を知らないなど，憂慮すべき現状である。

モータリゼーションが進展し，街並みには路地が消失し，さらに子どもは時間にせかされた忙しい日常生活を送るなど，今日の生活環境が遊べない子，遊ばない子を生み出している。そのうえ，親の近所付き合いが希薄化していくので，子どもへの生活文化の伝承が妨げられている。このように，児童を取り巻く環境は大きく変化してきている。

象印マホービン株式会社が首都圏の小学生の子どもをもつ母親を対象に，1995（平成7）年と20年後の2015（平成27）年に実施した「イマドキ小学生の生活体験に関する調査」結果から，20年間の子どもの生活体験の変化を垣間見ることができる。「包丁でリンゴの皮がむける」のは，小学5年生で47.9%（前回）10.9%（今回），「缶切りで缶詰を開けることができる」のは，68.8%（前回）29.6%（今回），「マッチで火をつけることができる」のは，83.3%（前回）32.7%（今回）であった。子どものこうした状況に母親は，よそのお子さんと比べると，6割が「平均的だと思う」と回答し，4割が「そのうちできるようになる」と思っていた。また，できない原因は，「体験する機会が少ないから」と考える母親がトップで約3割を占めていた。

また，パソコンを操作できる小学5年生は，40.4%（前回）88.7%（今回）で大幅に増加し，さらに，専用の携帯電話やスマートフォンを持っている小学5年生は34.0%であった。このように家庭生活への情報機器の普及は目覚ましいことが明らかで，生活が変化してきたことが如実に示された。

また，文部科学省の2014（平成26）年度「家庭教育の総合的推進に関する調査研究―睡眠を中心とした生活習慣と子供の自立等との関係性に関する調査―」によると，次の日に学校がある日の就寝時刻は小学生は49.2%が午後10時までに就寝し，学校段階が上昇するにつれ，夜型の生活になってくることや就寝時刻が遅くなると朝食を毎日食べる割合が低くなるという報告がされている。

小学生の生活時間を社会生活基本調査の統計からみると，家事時間は平日で1970（昭和45）年21分，1995（平成7）年12分と減少したが，2016（平成28）年では14分とやや増加した。家事の合理化や社会化，子どもの塾通いで忙しいため，子どもたちは家事を手伝う必要性も時間的余裕もなくなってきたことは否定できない（第6章第2節参照）。長津（日本子どもを守る会, 1997）は「小さいときから何らかの家事に関わることは，生活的自立をしていく上でも，自己確認の意味でも重要で（中略）家事に関わることは家庭文化が継承され独自の生活者が育まれることにもなる。しかし，今の家庭からは，そうしたチャンスも奪われている」と述べている。

2. 児童の心身の発達

(1) 精神的発達

エリクソン（Erikson, H. E.）は, 児童期を「学ぶ存在」として位置付けている。失敗を重ねながら自力で目標を達成できたとき，コンピテンスをもつことができ，大人の励ましにより自信や自尊心がついてくる。したがって，家庭内の仕事を単なる手伝いとして遂行させるのではなく，試行錯誤しながら役割を果たすことに満足感を得させ，さらに大人の期待に応えようと自主的に行うようにさせることが，子どもの発達を捉えた指導のあり方といえる。

ピアジェ（Piaget. J.）は，小学校高学年は，実用的問題や具体的場面に限られてしまうが，物事をある程度組織立てて考え，論理的な思考が可能となる具体的操作期の段階であると捉えている。また, 知識欲が旺盛で機械的記憶によって科学的な知識を取り入れ，得られた情報を相互に関連させて判断できるようになるという，脱中心化が起こる。したがって，学習内容の抽象的な概念を具体的な事物に置き換えて，実生活に即して扱うと理解も容易となる。子どもの思考様式は，発達によって新しい教科内容の理解が可能になる面と，新しい指導の提示によって発達が促進される面の相互作用が考えられるので，発達に伴い，指導にも工夫が必要である。

(2) 発育と健康

2008（平成20）年度及び2018（平成30）年度の学校保健統計調査によると，

男子の身長は6歳で116.7cm，116.5cm，10歳で138.9cm，138.8cm，11歳で145.3cm，145.2cm，女子の身長は6歳で115.8cm，115.6cm，10歳で140.3cm，140.1cm，11歳で146.8cm，146.8cmである。また，男子の体重は6歳で21.5kg，21.4kg，10歳で34.3kg，34.1kg，11歳で38.8kg，38.4kg，女子の体重は6歳で21.0kg，20.9kg，10歳で34.4kg，34.1kg，11歳で39.3kg，39.1kgである。10年間では身長・体重とも僅少ではあるが数値は減少している。年齢間では，男女とも10歳から11歳の間の増加率が大きく，女子の身長・体重とも男子を上回っている（第6章第1節参照）。また，栄養状態の改善と生活様式の変化により，第二次性徴の時期が1～2歳早くなっているという発育の加速化現象が生じている。

健康状態では，2008（平成20）年度は虫歯（う歯）が小学校63.8%，中学校56.0%，高等学校65.5%と被患率が高いが，2018（平成30）年度では小学校45.3%，中学校35.4%，高等学校45.4%と被患率が低下してきた。これは，ここ数年，虫歯予防の普及により改善されてきたといえる。虫歯は，甘い間食をとりすぎたり，食生活の偏りが原因であるため，子どもに食事献立や調味について注意することをうながす必要がある。

また，裸眼視力が1.0未満の者は，2018（平成30）年度では，小学校34.1%，中学校56.0%，高等学校67.2%と，学校段階が進むにつれて視力の低下が顕著に表れている。視力を正常に保つためには，勉強の場での照明に注意をはらうなど住居領域での扱いが望まれる。

学校医から肥満傾向と判定された者は，2018（平成30）年度は男子では10歳が10.1%，女子では11歳が8.8%と最も高い数値を示している。肥満は，子どもたちの食事が高エネルギー，高たんぱく質，脂質過剰，間食の食べ過ぎ傾向と，運動不足が原因といえる。学校段階が進むにつれてやや減少していく傾向にある。

以上のような体の発達的特徴を踏まえた上で，衣・食・住生活教育をすることは，家庭科に課された役割といえる。例えば，健康的な体を維持するためには，栄養や食品に関する知識を習得し，運動量を考えた食物摂取を心がけること，被服製作の面では，体の発育や運動量の増加に伴い，体型の変化やゆるみ，被服衛生などについて学習することなどである。

(3) 運動機能の発達

2017（平成29）年度のスポーツ庁の体力・運動能力調査報告書によると，ほとんどの項目で男子の記録が女子を上回り成長とともに向上していく。女子では青少年期（6〜19歳）の14歳ごろピークに達し，その後数年間その水準を保持する傾向を示している。小学生に関してみると，11歳の方が10歳の数値を上回っており，伸び率は男子の方がよい。小学校高学年期の体力や運動能力の向上傾向は，他の時期と比較して著しいことが報告されている。

先にあげた象印マホービン株式会社が実施した「イマドキ小学生の生活体験に関する調査」の小学5年生で,「なま卵を黄身をつぶさずに割ることができる」(前回89.6%→今回80%)，「やらせたことがない」（0%→9.1%），「おにぎりを握ることができる」（75.0%→60.7%），「やらせたことがない」（6.3%→23.2%），「タオルをしぼることができる」（100%→80%），「やらせたことがない」（0%→9.1%）という結果が示された。

「できる」割合が大幅に減り，また，「やらせたことがない」数値が増加している。日常生活では必ず行われていることに子どもが関わらず，できなくなることは大変憂慮すべきことである。

小学生のひも結びや布しぼりの調査によると，現在の児童には正常なひも結びができる者が少なく，布しぼりでは，小学校低学年から中学年への移行時期の方が発達が著しいといわれている。このことから，低学年の生活科との関わり，あるいは低・中学年の家庭科の構想も考える余地がある。子どもたちが家庭生活に関する知識や技術に興味をもてば，意欲的に取り組み，家庭生活の中で実践していくことが期待できる。また，小学校高学年頃になると，手指の運動が巧みになり一層発達していく。この時期に調理や被服製作の基礎技術を習得させ，反復練習させることにより，技能の習熟を図ることが可能である。

したがって，子どものもつ発達の可能性を十分考慮して指導する必要がある。各機能が発達する時期に手指を使わず，体を十分動かさずに生活することは，機能の退化につながるので，子どもの発達を考えると深刻な問題である。

課　題

1. 小学校家庭科は何を学ぶ教科だろうか。教科の特質を考えよう。
2. 児童を取り巻く社会や家庭生活の変化を踏まえて，家庭科で指導することが必要になったことをまとめよう。
3. 児童の発達からみた家庭科の学習内容を検討しよう。

参考文献

池﨑喜美惠編『新版 小学校家庭科授業研究』教育出版，2009年
池﨑喜美惠・青木幸子・仙波圭子・田部井恵美子『第2版　家庭科教育』学文社，2018年
伊藤葉子編著『新版　授業力UP　家庭科の授業』日本標準，2018年
教師養成研究会，藤原喜悦編『青年期の発達と学習』学芸図書，1992年
教師養成研究会家庭科教育学部会編著『小学校家庭科教育研究』東洋館出版社，2017年
清水歌，森博美『小学生の手指の巧緻性の発達について（第1報）―紐結びについて―，（第2報）―布絞りについて―』日本家庭科教育学会誌34巻1号，1991年
スポーツ庁「平成29年度体力・運動能力調査」2017年
象印マホービン「イマドキ小学生の生活体験に関する調査」https://www.zojirushi.co.jp/topics/shogakusei.html
日本家庭科教育学会編『シリーズ生活をつくる家庭科　第3巻　実践的なシティズンシップ教育の創造』ドメス出版，2007年
日本家庭科教育学会編『未来の生活をつくる家庭科で育む生活リテラシー』明治図書，2019年
日本子どもを守る会編『子ども白書　1997年版』草土文化社，1997年
文部科学省「平成20年度学校保健統計調査報告書」2009年
文部科学省「平成30年度学校保健統計調査報告書」2019年
文部科学省『小学校学習指導要領（平成29年告示）』東洋館出版社，2018年
文部省「小学校学習指導要領　家庭科編」1956年

第2章
家庭科の目標と内容

小学校家庭科では，子どもたちにどのような能力を育成することを目標としているのかを理解した上で，指導しなければならない。また，家庭科の目標を達成するために，どのような内容を選択するかということは重要な問題である。本章では，学習指導要領に示された家庭科の目標や内容を解説しながら，これからの家庭科に求められる目標や内容をどう捉えていくかを検討する。また，他教科との関係にもふれながら家庭科の内容を構成する際に留意する事項について解説する。そして，家庭科が児童にとって役に立つ教科となるよう学習内容を検討する基礎資料を提示する。

キーワード　生活の営みに係る見方・考え方　資質・能力　生活の改善・向上
家族の一員　他教科との関連

第1節　家庭科の目標

1. 生きる力

今回の改訂でも，学校教育が長年目指してきた「生きる力」をより具体化し，教育目標全体を通じて,「何のために学ぶのか」という学ぶ意義を共有しながら，目標及び内容を(1)「知識及び技能」，(2)「思考力，判断力，表現力等」，(3)「学びに向かう力，人間性等」の3つの柱で整理した。

生きる力とは，1998（平成10）年に改訂された学習指導要領のもと，児童生徒に生きる力を育むことを目指し，特色ある教育活動を推進することとなった。

日本家庭科教育学会では，「生きる力」を次のように捉えている。人間形成において新しい知性と豊かな人間性の2つの統一的把握と捉え，さらに個人的自己実現とともに社会的自己実現を見失わないものを「生きる力」とした。そして，生活環境・文化の創造者としての「共に生きる力」に重点を置き，家族をはじめとする異性や友人との人間環境，生命をもつ生き物や生活資源との共生を考える自然環境，生活習慣や伝統文化や異文化との共生を考える社会文化環境等に共通する「共に」を強調した。家庭科で「生きる力」を身に付けるためには，よりよく生きたいという意欲とそれを支える健康な心身を育てること，自分なりの生き方を設定できるような生きることへの主体性を確立すること，自分なりの生き方を実現していくために実践的な力を身に付けることが必要である。このように考えると，まさに家庭科は「生きる力」を育成する教科といえる。要するに，家庭科は21世紀の生活環境や文化を創造する力を育てる教育として，時代の要請に応えるために大きな役割を果たすであろう。

2. 教科の目標

小学校学習指導要領に示された家庭科の目標は以下のとおりである。

> 生活の営みに係る見方・考え方を働かせ，衣食住などに関する実践的・体験的な活動を通して，生活をよりよくしようと工夫する資質・能力を次のとおり育成することを目指す。
> (1) 家族や家庭，衣食住，消費や環境などについて，日常生活に必要な基礎的な理解を図るとともに，それらに係る技能を身に付けるようにする。
> (2) 日常生活の中から問題を見いだして課題を設定し，様々な解決方法を考え，実践を評価・改善し，考えたことを表現するなど，課題を解決する力を養う。
> (3) 家庭生活を大切にする心情を育み，家族や地域の人々との関わりを考え，家族の一員として，生活をよりよくしようと工夫する実践的な態度を養う。

今回の改訂では，教科の目標のみで学年の目標は示されず，第5・6学年の2学年を通して教科の目標を実現できるようにしている。

「生活の営みに係る見方・考え方を働かせ」とは，小学校段階では家庭科が学習対象としている家族や家庭，衣食住，消費や環境などに係る生活事象を，協力・協働，健康・快適・安全，生活文化の継承・創造，持続可能な社会の構築等の視点で捉えた。例えば，家族・家庭生活に関する内容においては，主に「協力・協働」，衣食住の生活に関する内容においては，主に「健康・快適・安全」や「生活文化の継承・創造」，さらに，消費生活・環境に関する内容においては，主に「持続可能な社会の構築」の視点から物事を捉えていく。そして，生涯にわたって，自立し共に生きる生活を創造できるよう，よりよい生活を営むために工夫することを示したものである。

家庭生活に関わりの深い人やもの，環境などとの関連を図りながら，食べることや着ること，住まうことなどに関する内容を主な学習対象として，調理，製作等の実習や観察，調査，実験などの実践的･体験的な活動を通して行われる。「生活をよりよくしようと工夫する資質・能力」とは，生涯にわたって健康で豊かな生活を送るための自立の基礎として必要なものである。今回の改訂では，育成を目指す資質･能力は，(1)「知識及び技能」，(2)「思考力，判断力，表現力等」，(3)「学びに向かう力，人間性等」の3つの柱で示されており，家庭科の学習では，実生活と関連を図った問題解決的な学習を効果的に取り入れ，これら3つの柱を相互に関連させることにより，教科全体の資質・能力を育成することが重要となる。

これらの「知識及び技能」を習得するに当たっては，実践的・体験的な活動を重視した学習を通して，児童一人一人のよさや個性を生かしながら身に付けるようにすることが大切である。

(1) の目標は，学習内容として主に家庭生活に焦点を当て，家族や家庭，衣食住，消費や環境などに関する基礎的な理解を図るとともに，それらに係る技能を身に付け，生活における自立の基礎を培うことについて示している。

(2) の目標は，習得した「知識及び技能」を活用し，「思考力，判断力，表現力等」を育成することにより，課題を解決する力を養うことを示している。

(3) の目標は，(1)及び(2)で身に付けた資質・能力を活用し，家族生活を大切にする心情を育むとともに，家族や地域の人々と関わり，家庭生活をよりよくしようと工夫する実践的な態度を養うことを示している。

表2-1に，育成を目指す資質・能力を整理する。

表2-1　育成を目指す資質・能力

	知識・技能	思考力・判断力・表現力等	学びに向かう力・人間性等
	日常生活に必要な家族や家庭，衣食住，消費や環境等についての基礎的な理解と技能	日常生活の中から問題を見出して課題を設定し，課題を解決する力	家族の一員として，生活をよりよくしようと工夫する実践的な態度

家庭 小学校	・家庭生活と家族についての理解 ・生活の自立の基礎として必要な衣食住についての理解と技能 ・消費生活や環境に配慮した生活の仕方についての理解と技能	・日常生活の中から問題を見出し，課題を設定する力 ・生活課題について自分の生活経験と関連付け，様々な解決方法を構想する力 ・実習や観察・実験，調査，交流活動の結果等について，考察したことを根拠や理由を明確にしてわかりやすく表現する力 ・他者の思いや考えを聞いたり，自分の考えをわかりやすく伝えたりして計画・実践等について評価・改善する力	・家庭生活を大切にする心情 ・家族や地域の人々と関わり，協力しようとする態度 ・生活を楽しもうとする態度 ・日本の生活文化を大切にしようとする態度

出所：文部科学省「家庭，技術・家庭ワーキンググループにおける審議の取りまとめについて（報告）」2016（平成28）年8月26日より。http://www.mext.go.jp/b_menu/shingi/chukyo/chukyo3/065/sonota/__icsFiles/afieldfile/2016/09/12/1377053_01.pdf（2019年11月最終アクセス）

第2節　家庭科の内容

1．内容設定の基本的事項

児童生徒の発達を踏まえ，小・中・高等学校の各内容の接続が見えるように，小・中学校においては，「家族・家庭生活」，「衣食住の生活」，「消費生活・環境」に関する3つの枠組みに整理した（表2-2）。次に，空間軸と時間軸の視点から学習対象を明確化した。小学校では空間軸の視点は，自己と家庭，時間軸の視点は，これまでの生活及び現在の生活とした。さらに，学習過程を踏まえた育成する資質・能力を明確化した。生活の中から問題を見いだし，課題を設定し，解決方法を検討し，計画，実践，評価・改善するという一連の学習過程を重視し，この過程を踏まえて「知識及び技能」の習得に係る内容や，それらを活用して「思考力，判断力，表現力等」の育成に係る内容について整理した。

2. 学習指導要領における内容

(1) 改善の要点

①内容構成の見直し

「A家庭生活と家族」「B日常の食事と調理の基礎」「C快適な衣服と住まい」「D身近な消費生活と環境」の4内容から，小・中学校ともに「A家族・家庭生活」,「B衣食住の生活」,「C消費生活・環境」の3つの内容とし，各内容及び各項目の指導が系統的に行えるようにした。

表2-2　小学校家庭科　新旧対照表

新（平成29年告示）	旧（平成20年告示）
A　家族・家庭生活	A　家庭生活と家族
(1) 自分の成長と家族・家庭生活 ア　自分の成長の自覚，家庭生活と家族の大切さ，家族との協力 (2) 家庭生活と仕事 ア　家庭の仕事と生活時間 イ　家庭の仕事の計画と工夫 (3) 家族や地域の人々との関わり ア（ア）家族との触れ合いや団らん （イ）地域の人々との関わり イ　家族や地域の人々との関わりの工夫 (4) 家族・家庭生活についての課題と実践 ア　日常生活についての課題と計画，実践，評価	(1) 自分の成長と家族 ア　成長の自覚，家庭生活と家族の大切さ (2) 家庭生活と仕事 ア　家庭の仕事と分担 イ　生活時間の工夫 (3) 家族や近隣の人々とのかかわり ア　家族との触れ合いや団らん イ　近隣の人々とのかかわり
B　衣食住の生活	B　日常の食事と調理の基礎
(1) 食事の役割 ア　食事の役割と食事の大切さ，日常の食事の仕方 イ　楽しく食べるための食事の仕方の工夫 (2) 調理の基礎 ア（ア）材料の分量や手順，調理計画 （イ）用具や食器の安全で衛生的な取扱い，加熱用調理器具の安全な取扱い （ウ）材料に応じた洗い方，調理に適した切り方，味の付け方，盛り付け，配膳及び後片付け （エ）材料に適したゆで方，いため方	(1) 食事の役割 ア　食事の役割と日常の食事の大切さ イ　楽しく食事をするための工夫 (2) 栄養を考えた食事 ア　体に必要な栄養素の種類と働き イ　食品の栄養的な特徴と組合せ ウ　1食分の献立

（オ）伝統的な日常食の米飯及びみそ汁の調理の仕方 イ　おいしく食べるための調理計画及び調理の工夫	
(3) 栄養を考えた食事 ア（ア）体に必要な栄養素の種類と働き （イ）食品の栄養的な特徴と組合せ （ウ）献立を構成する要素，献立作成の方法 イ　1食分の献立の工夫	(3) 調理の基礎 ア　調理への関心と調理計画 イ　材料の洗い方，切り方，味の付け方，盛り付け，配膳及び後片付け ウ　ゆでたり，いためたりする調理 エ　米飯及びみそ汁の調理 オ　用具や食器の安全で衛生的な取扱い，こんろの安全な取扱い
(4) 衣服の着用と手入れ ア（ア）衣服の主な働き，日常着の快適な着方 （イ）日常着の手入れ，ボタン付け及び洗濯の仕方 イ　日常着の快適な着方や手入れの工夫 (5) 生活を豊かにするための布を用いた製作 ア（ア）製作に必要な材料や手順，製作計画 （イ）手縫いやミシン縫いによる縫い方，用具の安全な取扱い イ　生活を豊かにするための布を用いた物の製作計画及び製作の工夫 (6) 快適な住まい方 ア（ア）住まいの主な働き，季節の変化に合わせた生活の大切さや住まい方 （イ）住まいの整理・整頓や清掃の仕方 イ　季節の変化に合わせた住まい方，整理・整頓や清掃の仕方の工夫	**C　快適な衣服と住まい** (1) 衣服の着用と手入れ ア　衣服の働きと快適な着方の工夫 イ　日常着の手入れとボタン付け及び洗濯 (2) 快適な住まい方 ア　住まい方への関心，整理・整頓及び清掃の仕方と工夫 イ　季節の変化に合わせた生活の大切さ，快適な住まい方の工夫 (3) 生活に役立つ物の製作 ア　形などの工夫と製作計画 イ　手縫いやミシン縫いによる製作・活用 ウ　用具の安全な取扱い
C　消費生活・環境	**D　身近な消費生活と環境**
(1) 物や金銭の使い方と買物 ア（ア）買物の仕組みや消費者の役割，物や金銭の大切さ，計画的な使い方 （イ）身近な物の選び方，買い方，情報の収集・整理 イ　身近な物の選び方，買い方の工夫 (2) 環境に配慮した生活 ア　身近な環境との関わり，物の使い方 イ　環境に配慮した物の使い方の工夫	(1) 物や金銭の使い方と買物 ア　物や金銭の大切さ，計画的な使い方 イ　身近な物の選び方，買い方 (2) 環境に配慮した生活の工夫 ア　身近な環境との関わり，物の使い方の工夫

出所：文部科学省「小学校学習指導要領（平成29年告示）解説　家庭編」

②家族・家庭生活に関する内容の充実

少子高齢社会の進展に対応して，家族や地域の人々とよりよく関わる力を育成するために，「A家族・家庭生活」においては，幼児又は低学年の児童，高齢者など異なる世代の人々との関わりに関する内容を新設した。

③食育の推進に関する内容の充実

生活や学習の基盤となる食育を一層推進するために，「B衣食住の生活」の食生活に関する内容を中学校との系統性を図り，食事の役割，調理の基礎，栄養を考えた食事で構成し，基礎的・基本的な知識及び技能を確実に習得できるようにした。

④日本の生活文化に関する内容の充実

グローバル化に対応して，日本の生活文化の大切さに気付くことができるようにするために，「B衣食住の生活」においては，和食の基本となるだしの役割や季節に合わせた着方や住まい方など，日本の伝統的な生活について扱うこととした。

⑤自立した消費者の育成に関する内容の充実

持続可能な社会の構築に対応して，自立した消費者を育成するために，「C消費生活・環境」においては，中学校との系統性を図り，「買物の仕組みや消費者の役割」に関する内容を新設するとともに，消費生活や環境に配慮した生活の仕方に関する内容の改善を図った。

⑥基礎的・基本的な知識及び技能の確実な定着を図るための内容の充実

生活の科学的な理解を深め，生活の自立の基礎を培う基礎的・基本的な知識及び技能の習得を図るために，実践的・体験的な活動を一層重視するとともに，調理及び製作においては，青菜やじゃがいも，袋の製作など一部の題材を指定することとした。

⑦知識及び技能を実生活で活用するための内容の充実

習得した知識及び技能などを実生活で活用するために，Aの内容に「家族・家庭生活についての課題と実践」を新設し，B，Cの内容との関連を図って1つ又は2つの課題を設定し，実践的な活動を家庭や地域などで行うなど，内容の改善を図った。

⑧「生活の営みに係る見方・考え方」と関連を図るための内容の充実

「A家族・家庭生活」の(1)「自分の成長と家族・家庭生活」のアで触れる「生活の営みに係る見方・考え方」における協力，健康・快適・安全及び持続可能な社会の構築等の視点と関連を図るため,「B衣食住の生活」及び「C消費生活・環境」における「働きや役割」に関する内容の改善を図った。

(2) 内容の概要

A「家族・家庭生活」

(1)「自分の成長と家族・家庭生活」,(2)「家庭生活と仕事」,(3)「家族や地域の人々との関わり」,(4)「家族・家庭生活についての課題と実践」の4項目で構成されている。ここでは,自分の成長を自覚し,衣食住などを中心とした生活の営みの大切さに気付くとともに,家族・家庭生活に関する知識及び技能を身に付け,日常生活の課題を解決する力を養い,家族や地域の人々と協力し,よりよい家庭生活を工夫する実践的な態度を育成することをねらいとしている。(1)はガイダンス的項目,(4)は家庭や地域などで実践を行い,課題を解決する力を養う項目である。

B「衣食住の生活」

(1)「食事の役割」,(2)「調理の基礎」,(3)「栄養を考えた食事」,(4)「衣服の着用と手入れ」,(5)「生活を豊かにするための布を用いた製作」,(6)「快適な住まい方」の6項目で構成されている。このうち,(1)から(3)までは食生活,(4)及び(5)は衣生活,(6)は住生活に係る項目である。健康・快適・安全で豊かな食生活,衣生活,住生活を工夫する活動を通して,食生活,衣生活,住生活に関する知識及び技能を身に付けるとともに,生活をよりよくしようと工夫する実践的な態度を育成することをねらいとしている。

C「消費生活・環境」

(1)「物や金銭の使い方と買物」,(2)「環境に配慮した生活」の2項目で構成されている。ここでは,身近な生活における消費と環境の学習を通して,限りある物や金銭の使い方や環境に配慮することの大切さに気付かせることをねらいとしている。そして,物の選択,購入及び活用に関する基礎的・基本的な知識及び技能を身に付け,身近な消費生活や環境をよりよくしようと工夫する能力と実践的な態度を育てることを目指している。

3. 他教科との関連

小学校学習指導要領に記述されている家庭科の学習内容が,総合的な性格を有する家庭生活を対象とするため,他教科(生活科や社会科,理科,体育科など）の学習内容との関連がみられる。特別な教科である道徳や特別活動など各教科以外との関連もあるが，ここでは，主に，他教科との関連について述べる。既習の学習内容を定着させ，発展させるためには，学習の間隔が短い方が効率がよいし，順序性があった方が理解しやすい。そこで，小学校学習指導要領に記述されている各教科の学習内容と家庭科の学習内容との関連を検討する。表2–3に，小学校学習指導要領に記述されている家庭科の学習内容に関連した主な事項についてまとめる。

生活科

第1・2学年の生活科では，〔学校，家庭及び地域の生活に関する内容〕において「(2)家庭生活に関わる活動を通して，家庭における家族のことや自分でできることなどについて考えることができ，家庭での生活は互いに支え合っていることが分かり，…」とあるように，低学年で，自分や家族，家庭生活のことを体験的に学習することになっている。また，「(9)自分自身の生活や成長を振り返る活動を通して，自分のことや支えてくれた人々について考えることができ，自分が大きくなったこと，自分でできるようになったこと，役割が増えたことなどが分かるとともに，これまでの生活や成長を支えてくれた人々に感謝の気持ちをもち，…」に示されているように，成長・発達してきた児童が自己の成長を振り返り，ここまで成長してきたのは家族の支えがあってこそであることを自覚させようとしている。生活科では，自分と家族との関わりについて学習しているが，高学年の家庭科で自分の立場を踏まえて家族や家庭生活のことに再度目を向けることは，同様の題材を学習内容として扱っても児童の認識や捉え方が違ってくることは明らかである。

社会科

第4学年の社会科では，(2)人々の健康や生活環境を支える事業について「ア（ア）飲料水，電気，ガスを供給する事業は，安全で安定的に供給できるよう進められていることや，地域の人々の健康な生活の維持と向上に役立っていることを理解すること」「（イ）廃棄物を処理する事業は，衛生的な処理や資源の有効利用ができるよう進められていることや，生活環境の維持と向上に役立っていることを理解すること」が学習内容として提示されており，廃棄物の処理施設を見学・調査するなどの学習が組み込まれている。社会科では行政の公共施策として廃棄物の処理を事業としてどのように行っているか，という巨視的な捉え方をしている。しかし，家庭科では日常生活で使用する飲料水などの生活資源やごみの処理などについて自分たちの生活でどのように活用し処理するか，ごみを減らす工夫はしているかなど，自己の家庭から出発して学習が始まるという，いわゆる微視的な捉え方をしている。この点は同じ飲料水やごみを扱っていても社会科とは取り上げ方が違っている。また，第5学年の(2)我が国の農業や水産業における食料生産について，「ア(ア) 我が国の食料生産は，自然条件を生かして営まれていること，…」「(イ) 食料生産に関わる人々は，生産性や品質を高めるよう努力したり…」に関する学習も，家庭科の食生活に関する学習と関連している。家庭で日常調理される食品や食卓に供される食物が生産地から運ばれてきたり，食料が輸入に頼っていること，食生活を見直すことなどにふれながら指導している。例えば，地産地消やフードマイレージ，フェアートレードなどについて扱い，児童に考えさせる授業が実施されている。

理科

理科では，第3学年A物質・エネルギー(3)光と音の性質で「ア(イ) 物に日光を当てると，物の明るさや暖かさが変わること」をすでに学習している。この学習内容は，家庭科の衣服の暖かい着方や快適な住まい方の学習と関連する。また，第4学年B生命・地球(4)天気の様子では「ア(ア) 天気によって1日の気温の変化の仕方に違いがあること」を学習している。この内容も，衣服の着方や快適な住まい方の学習に関連している。さらに，住まい方に関しては，第6学年A物質・エネルギー(1)燃焼の仕組みで「ア(ア) 植物体が燃えるときには，空気中の酸素が使われて二酸化炭素ができること」を学習する。これは住まいの学習における暖かい住まい方で，暖房器具の安全な使い方などにも発展できる。その他，衣服の手入れに関しては，第5学年のA物質・エネルギー(1)物の溶け方では「ア(イ) 物が水に溶ける量には，限度があること」「(ウ) 物が水に溶ける量は水の温度や量，溶ける物によって違うこと」や，第6学年のA物質・エネルギー(2)水溶液の性質で，「ア(ア) 水溶液には，酸性，アルカリ性及び中性のものがあること」とも関連している。

体育

第3学年及び第4学年のG保健では，(2)体の発育・発達について「ア(ウ) 体をよりよく発育・発達させるには，適切な運動，食事，休養及び睡眠が必要であること」にあるように，食事，運動，休養及び睡眠の調和のとれた健康によい生活をするためには，生活時間や食生活のことを考えなければならないことが示されている。また，第5学年及び第6学年G保健(3)病気の予防について

「ア(ウ) …病気の予防には,適切な運動,栄養の偏りのない食事をとること,…」では,健康を考えた食事や栄養の摂取の必要性を取り上げている。

その他の教科

算数では数の計算などはいうまでもないが,第1学年及び第2学年のC測定では,長さ,広さ,かさなどの量の単位と測定に関わることを学習している。これは,製作や調理実習で使用するはかる概念の基礎となっている。また,特別の教科である道徳のA主として自分自身に関することでは,[節度,節制]で生活習慣の大切さについて理解し,自分の生活を見直すこと,[希望と勇気,努力と強い意志]で自分のやるべき勉強や仕事をしっかりやること,[感謝]で家族など日頃世話になっている人々に感謝すること,現在の生活を築いてくれた高齢者に,尊敬と感謝の気持ちをもって接すること,[家族愛,家庭生活の充実]で父母,祖父母を敬愛し,進んで家の手伝いなどをして,家族の役に立つことや楽しい家庭をつくること,などが扱われている。まさに,「家族・家庭生活」の学習内容と重複しているが,低学年と高学年の児童の発達段階や生活経験を考慮して指導する必要がある。

図画工作のA表現は,豊かな発想や創造的な技能などを働かせて,作品を製作したり,調理実習で盛り付けを考えたりすることなど美的センスに関連している。

このように考えると,第5・6学年で学習する家庭科は様々な教科と連携を図りながら,これまでの児童の各教科の既習内容をもとにして児童の日常生活を創造・発展させていく学習を工夫していくことが,家庭科のあるべき姿といえる。

表2-3　他教科との関連

生活 第1学年及び 第2学年	〔学校,家庭及び地域の生活に関する内容〕 (2) 家庭生活に関わる活動を通して,家庭における家族のことや自分でできることなどについて考えることができ,家庭での生活は互いに支え合っていることが分かり,自分の役割を積極的に果たしたり,規則正しく健康に気を付けて生活したりしようとする (3) 地域に関わる活動を通して,地域の場所やそこで生活したり働いたりしている人々について考えることができ,自分たちの生活は様々な人や場所と関わっていることが分かり,それらに親しみや愛着をもち,適切に接したり安全に生活したりしようとする

	(5) 身近な自然を観察したり，季節や地域の行事に関わったりするなどの活動を通して，それらの違いや特徴を見付けることができ，自然の様子や四季の変化，季節によって生活の様子が変わることに気付くとともに，それらを取り入れ自分の生活を楽しくしようとする (8) 自分たちの生活や地域の出来事を身近な人々と伝え合う活動を通して，相手のことを想像したり伝えたいことや伝え方を選んだりすることができ，身近な人々と関わることのよさや楽しさが分かるとともに，進んで触れ合い交流しようとする 〔自分自身の生活や成長に関する内容〕 (9) 自分自身の生活や成長を振り返る活動を通して，自分のことや支えてくれた人々について考えることができ，自分が大きくなったこと，自分でできるようになったこと，役割が増えたことなどが分かるとともに，これまでの生活や成長を支えてくれた人々に感謝の気持ちをもち，これからの成長への願いをもって，意欲的に生活しようとする。
社会　第3学年	(2) 地域に見られる生産や販売の仕事について…
第4学年	(2) 人々の健康や生活環境を支える事業について… ア（ア）飲料水，電気，ガスを供給する事業は，安全で安定的に供給できるよう進められていることや，地域の人々の健康な生活の維持と向上に役立っていることを理解すること （イ）廃棄物を処理する事業は，衛生的な処理や資源の有効利用ができるよう進められていることや，生活環境の維持と向上に役立っていることを理解すること (5) 県内の特色ある地域の様子について… ア（ア）県内の特色ある地域では，人々が協力し，特色あるまちづくりや観光などの産業の発展に努めていることを理解すること
第5学年	(2) 我が国の農業や水産業における食料生産について… ア（ア）我が国の食料生産は，自然条件を生かして営まれていることや，国民の食料を確保する重要な役割を果たしていることを理解すること （イ）食料生産に関わる人々は，生産性や品質を高めるよう努力したり輸送方法や販売方法を工夫したりして，良質な食料を消費地に届けるなど，食料生産を支えていることを理解すること
理科	A物質・エネルギー
第3学年	(1) 物と重さ 物の性質について，形や体積に着目して… ア（イ）物は，体積が同じでも重さは違うことがあること (3) 光と音の性質 光と音の性質について，光を当てたときの明るさや暖かさ，音を出したときの震え方に着目して… ア（ア）日光は直進し，集めたり反射させたりできること （イ）物に日光を当てると，物の明るさや暖かさが変わること

	B生命・地球 (2) 太陽と地面の様子 太陽と地面の様子との関係について，日なたと日陰の様子に着目して… ア(ア) 日陰は太陽の光を遮るとでき，日陰の位置は太陽の位置の変化によって変わること (イ) 地面は太陽によって暖められ，日なたと日陰では地面の暖かさや湿り気に違いがあること
第4学年	B生命・地球 (1) 人の体のつくりと運動 人や他の動物について，骨や筋肉のつくりと働きに着目して… ア(ア) 人の体には骨と筋肉があること (イ) 人が体を動かすことができるのは，骨，筋肉の働きによること (4) 天気の様子 天気や自然界の水の様子について，気温や水の行方に着目して… ア(ア) 天気によって1日の気温の変化の仕方に違いがあること (イ) 水は，水面や地面などから蒸発し，水蒸気になって空気中に含まれていくこと。また，空気中の水蒸気は，結露して再び水になって現れることがあること
第5学年	A物質・エネルギー (1) 物の溶け方 物の溶け方について，溶ける量や様子に着目して… ア(イ) 物が水に溶ける量には，限度があること (ウ) 物が水に溶ける量は水の温度や量，溶ける物によって違うこと。また，この性質を利用して，溶けている物を取り出すことができること
第6学年	A物質・エネルギー (1) 燃焼の仕組み 燃焼の仕組みについて，空気の変化に着目して… ア(ア) 植物体が燃えるときには，空気中の酸素が使われて二酸化炭素ができること (2) 水溶液の性質 水溶液について，溶けている物に着目して… ア(ア) 水溶液には，酸性，アルカリ性及び中性のものがあること B生命・地球 (1) 人の体のつくりと働き 人や他の動物について，体のつくりと呼吸，消化，排出及び循環の働きに着目して… ア(イ) 食べ物は，口，胃，腸などを通る間に消化，吸収され，吸収されなかった物は排出されること
体育 第3学年及び第4学年	G保健 (1) 健康な生活について… ア健康な生活について理解すること (イ) 毎日を健康に過ごすには，運動，食事，休養及び睡眠の調和のと

	れた生活を続けること。… （ウ）毎日を健康に過ごすには，明るさの調節，換気などの生活環境を整えることが必要であること (2) 体の発育・発達について，課題を見付け，その解決を目指した活動を通して，次の事項を身に付けることができるよう指導する ア体の発育・発達について理解できるようにする （ウ）体をよりよく発育・発達させるには，適切な運動，食事，休養及び睡眠が必要であること
第5学年及び第6学年	G保健 (3) 病気の予防について… ア病気の予防について理解すること （ウ）生活習慣病など生活行動が主な要因となって起こる病気の予防には，適切な運動，栄養の偏りのない食事をとること，口腔の衛生を保つことなど，望ましい生活習慣を身に付ける必要があること

課　題

1. 小学校家庭科で育成する能力について述べよう。
2. 日常生活に必要な基礎的な知識や技能について，具体的にまとめよう。
3. 家庭科の内容を設定する上で留意すべきことを具体的にまとめよう。

参考文献

池﨑喜美恵編『新版　小学校家庭科授業研究』教育出版，2009年
池﨑喜美恵・青木幸子・仙波圭子・田部井恵美子『第2版　家庭科教育』学文社，2018年
日本家庭科教育学会編著『家庭科の21世紀プラン』家政教育社，1997年
文部科学省『小学校学習指導要領（平成29年告示)』東洋館出版社，2018年
文部科学省『小学校学習指導要領（平成29年告示）解説　家庭編』東洋館出版社，2018年

第3章
家庭科教育の歴史

家庭科教育の歴史を学ぶことは，今日の家庭科教育を理解する上で，また，これからの家庭科教育の方向性を探る上で必要不可欠である。

第二次世界大戦終了時を境に，家庭科教育は大きく転換した。それ以前は，家事科や裁縫科という女子教育の2つの教科として課されていた。しかし，戦後新しい教科として家庭科が発足し，今日に至るまで，家庭科は紆余曲折を経てきた。家庭生活に関することを女子教育として課した戦前の家庭科教育と，一人の人間として身に付けなければならない知識や技能を学習する教科として課した戦後の家庭科教育との相違を理解してほしい。本章では，第二次世界大戦前とその後との2つの時期に分けて概説する。

キーワード　家事・裁縫教育　女子教育　女子差別撤廃条約　男女が共に学ぶ家庭科

第1節　戦前の家庭科教育

1．学制期

(1) 読物科

1872（明治5）年，我が国の近代学校教育制度が成立した当初の家庭科教育の状況を紐解いてみると，学制発布当時の「小学教則」では，下等小学第6級の教科であった「読本読方」で教科書として，『西洋衣食住』を使用していたことが示されている。この書物は，西洋の衣服や食器・家具などを挿し絵入りで説明したもので，読み物として西洋の衣・食・住について紹介し，家庭生活の近代化を図ろうとしていたことが分かる。1873（明治6）年，東京師範学校は「改正小学教則」を出し，「読本」を「読物」という教科名に改称した。読物科で使用されていた『家事倹約訓』『経済小学家政要旨』などはイギリスやアメリカの翻訳書である。したがって，当時の日本国民の生活とは雲泥の差があり，翻訳書を読みながら西洋の生活を取り入れ，啓発しようと試みていたことが分かる。

(2) 手芸科

女児小学では，「女児小学ハ尋常小学教科ノ外ニ女子ノ手芸ヲ教フ」として，主として裁縫，編物，ししゅう，ふくろ物などを教えることとした。当時，子どもは労働力として大きな役割を果たしていたため，就学率は低く，特に女子に対する学問の必要性は認められていなかった。そこで，当時大阪府では，女児のために「女工場」を置いて，小学校の手芸分局として認め，女子教育に配慮していたことが示されている。

2. 教育令期

(1) 家事経済科

就学率の低迷により，1879（明治12）年に「教育令」が出され，翌年「改正教育令」が公布された。1881（明治14）年には「小学校教則綱領」が公布され，「読物科」で使われていた家事的内容が，男児の経済科に代えて，女児には「家事経済科」を課すことになった。学制期の頃と同様，翻訳物家事教科書を使用して指導していたが，衣・食・住の内容を経済的視点から教育しようとしていたことが「読物科」での扱いとは異なっていた。倹約を重視して家政を司ることを主婦の務めとみなし，夫や舅・姑に仕え，家族の調和を重視することを強調していた。また，割烹が教材に導入され，調理の目的，各種調理法が手法別に示された。このように，将来のよい主婦としての務めやあり方が力説され，良妻賢母の女子教育が行われていた。

(2) 裁縫科

1879（明治12）年の「教育令」で「女子ノ為ニハ裁縫科等ノ科ヲ設クヘシ」と示され，「手芸」に代わって「裁縫科」が置かれることとなった。また，「小学校教則綱領」では，「裁縫科ハ中等科ヨリ高等科ヲ通シテ之ヲ課シ……」と，女子に裁縫教育を課したことから，女子の就学率は学制当時に比べると向上した。つまり，当時は衣生活の複雑さや産業の未発達などにより，女性にとって裁縫の技術は，婦徳の涵養やしつけとして身に付けておくべき素養と考えられていた。衣生活における自給自足のため，高度な被服製作や処理に関わる技術が要求され，生活への実用性が強調された。したがって，裁縫科は第二次世界大戦前まで女子教育の主たる教科として課されることとなった。

3. 小学校令期

(1) 理科家事

1886（明治19）年「小学校令」が制定され，高等小学校に課されていた「家事経済」はなくなり，理科や国語の中で家事的な内容が扱われた程度であった。1911（明治44）年，「小学校令施行規則」の改正により，高等小学校の理科の中で女児のために「家事の大要」を教えることとなった。「理科家事」は理科の実用主義の教育を踏まえて，生活を科学的に捉えようとした。文部省は1914～1917（大正3～6）年に『理科家事教科書』を発行したが，この教科書は内容が科学的・数量的に記述され，経済中心の家事から科学的な家事へ，そして技能の習得を重視する傾向へと転換していった。

(2) 家事科

1919（大正8）年の「小学校令」の改正により，家事科が高等科に随意科目ではあるが，独立教科として置くことができることとなり，衣食住，看病，育児や一家の経済に関することを内容とし，理科との連絡を図りながら実習を重視し，地域の状況に応じるよう配慮することとした。科学的な内容が増加していることと，人間関係や家庭経営に関する内容が加わってきたことに特徴がみられた。

(3) 裁縫科

1891（明治24）年「小学校教則大綱」では，尋常小学校では，運針法から始めて，簡単な衣服の縫い方や繕い方を教えていた。高等小学校では，さらに高度な衣服の縫い方を教え，裁縫用具の種類，衣服の保存の方法，洗濯を教えていた。その際，常に節約の習慣を旨とすることを力説していた。このように，裁縫科に裁縫技術以外に衣類の保存や洗濯が加えられたのは，「家事経済」が姿を消したからである。

1900（明治33）年「小学校令および同施行規則」の改正で，裁縫科は高等小学校では女児に必修，尋常小学校では第3学年から随意科目として置かれることとなった。その後，尋常小学校では縫い方，繕い方に加え，裁ち方が指導内容に取り入れられた。

4. 国民学校令期

(1) 芸能科家事

1941（昭和16）年,「国民学校令並びに施行規則」が公布され，家事科は音楽，習字，図画，工作及び裁縫科とともに芸能科の1科目となった。芸能科家事は，家庭生活における女子の任務を理解させ，婦徳の涵養に資することを目的とした。祭事，敬老，育児，食物，住居，衛生，看護，家計等，家庭生活上必要なことを教えることとした。国民科との関連を考えて，礼法を重視し，家庭生活における醇風美俗の維持発揚に務め，また理数科との関連を考えて，家事を科学的に処理する態度を養うなどとした。戦時下という社会情勢を反映して，祭事，家庭防空，皇国の経済などの内容が取り上げられた。

(2) 芸能科裁縫

裁縫科は，家事科とともに芸能科の1科目になり，裁縫に習熟し衣類に関する常識を養い，婦徳の涵養に資することをねらいとした。初等科では運針，簡易な衣類の裁ち方，縫い方，繕い方を課し，高等科ではさらに高度な内容を課し，材料の選択，整理，保存，その他衣類に関する常識を養うこととした。1942（昭和17）年には初めて国定教科書が出版されたが，『初等科裁縫』には，第5学年ではよい身なりや洗濯，第6学年では織物，虫干し，衣類生活などが取り上げられるようになった。つまり，これまでは衣類の裁ち縫いが主な内容であったのが，衣生活の知識や理解が加わり，従来家事科で扱われていた内容が裁縫科に内包されたことは特筆すべきことであった。

第2節　戦後の家庭科教育

1. 1947（昭和22）年

1945（昭和20）年，第二次世界大戦が終わり，敗戦下のなか，連合国軍総司令部（GHQ）の監督のもと，日本の教育は民主主義の実現を目指した教育へと改革された。1947（昭和22）年，教育基本法，学校教育法が公布され，日本の近代学校教育の大きな変革が行われた。これまでの芸能科家事と芸能科裁縫に代わって，家庭科が新しく教科として誕生した。戦後の家庭科教育の流れを学習指導要領の改訂の時期を追ってまとめると，1947（昭和22）年から今日まで8回の学習指導要領の改訂（小学校家庭生活指導の手びきを除く）が行われ（表3-1），目標や内容の改善が図られてきた。次に小学校家庭科の内容の変遷を概説する。

表3-1　小学校家庭科の内容の変遷（学習指導要領，小学校家庭生活指導の手びきによる）

昭和22～30年度 家庭 （単元名）	（第5学年） 1. 主婦の仕事の重要さ 2. 家庭の一員としての子供 3. 自分の事は自分で 4. 家庭における子供の仕事 5. 自分の事は自分で（続き） 6. 家事の手伝い （第6学年） 1. 健康な日常生活 2. 家庭と休養 3. 簡単な食事の支度 4. 老人の世話
昭和26～30年度 小学校家庭生活指導 の手びき （非教科）	発達段階を幼稚園，1・2年，3・4年及び5・6年に区分し，小学校において，子どもの家庭生活を豊かにする経験や活動の例を8領域に分けて示した。 1. 家族の一員 2. 身なり 3. 食事 4. 住まい 5. 時間・労力・金銭・物の使い方 6. 植物や動物の世話 7. 不時のできごとに対する予防と処置 8. レクリエーション
昭和31～35年度 家庭	（家族関係） ・家庭の生活 ・家庭の人々

	・家庭の交際 (生活管理) ・合理的な生活 ・労力と休養 ・時間の尊重 ・物資の尊重と活用 ・金銭の使い方 (被服) ・被服と生活 ・衣服の着方 ・手入れと保存 ・洗たく ・作り方 (食物) ・食物と栄養 ・食事のしたくとあとかたづけ ・食事のしかた (住居) ・すまいと生活 ・清掃 ・せいとんと美化 ・健康なすまい方
昭和36～45年度 家庭	(第5学年) A　被服 (1) 身なりの整え方と簡単な被服の修理 (2) 衛生的な被服の着方と簡単な洗たく (3) 簡単な被服の手入れとしまつのしかた (4) 台ふき，袋類の製作 B　食物 (1) 食事のぜんだてとかたづけ (2) 食物の栄養 (3) 簡単な調理実習 (4) 日常の食事作法 C　すまい (1) 清掃のしかたと簡単な掃除用品の製作 (2) 整理・整とんのしかた・整理袋（箱）の製作 D　家庭 (1) 家族の一員としての自分の役割

	⑵ 応接・訪問の仕方 （第6学年） A 被服 ⑴ 目的に応じた被服の着方 ⑵ 被服の手入れ ⑶ 計画的な被服生活 ⑷ カバー類または前かけの製作 B 食物 ⑴ 栄養的な食物のとり方 ⑵ 簡単な調理実習 ⑶ 日常の食事作法や会食の仕方 C すまい ⑴ 各場所の働きと健康なすまい方 ⑵ 調和のある楽しいすまい方 D 家庭 ⑴ 合理的な生活
昭和46～54年度 家庭	（第5学年） A 被服 ⑴ 身なりの整え方と被服の簡単な手入れや修理 ⑵ 衛生的な下着の着方と簡単な洗たく ⑶ 簡単な袋類の製作 B 食物 ⑴ 日常の食物の栄養 ⑵ 簡単な調理実習 ⑶ 日常の食事作法 C すまい ⑴ 清掃，整理・整とんの仕方と簡単なものの製作 D 家庭 ⑴ 家庭の一員としての自分の役割 ⑵ 応接や訪問のしかた （第6学年） A 被服 ⑴ 目的に応じた被服の着方，被服生活の計画 ⑵ 日常着の簡単な手入れ ⑶ 簡単なカバー類の製作 B 食物 ⑴ 献立の作成 ⑵ 簡単な日常食や飲み物の調理実習

	(3) 日常の食事作法や会食のしかた C　すまい (1) 各場所の働きと健康なすまい方 (2) 調和のある楽しいすまい方 D　家庭 (1) 家庭生活の充実・向上
昭和55～平成3年度 家庭	(第5学年) A　被服 (1) 被服のはたらき，気温，季節に応じた日常着の着方，衛生的な下着の着方，選び方 (2) 下着の洗たく (3) 日常着の整理・整とんの仕方 (4) 簡単な小物及び袋の製作 B　食物 (1) 日常食品の栄養素の働きと食品の組合せ方 (2) 簡単な調理実習 (3) 簡単な間食の整え方，すすめ方，食べ方 C　住居と家族 (1) 整理，整とん，清掃 (2) 家族の立場や役割 (3) 仕事に役立つ簡単な物の製作 (第6学年) A　被服 (1) 目的に応じた日常服の着方，選び方，被服の整え方 (2) 簡単な上着の洗たく (3) 日常着の手入れの仕方 (4) カバーやエプロンの製作 B　食物 (1) 1食分の献立の作成，食物のとり方 (2) 簡単な調理 (3) 会食の仕方 C　住居と家族 (1) 健康な住まい方 (2) 家族の生活時間 (3) 買物の仕方，金銭収支の記録の仕方 (4) 室内の美化や家族に役立つ簡単な物を布を用いて製作
平成4～13年度 家庭	(第5学年) A　被服

	⑴ 被服の働きと目的に応じた日常着の着方 ⑵ 日常着の整理・整とんとボタン付け ⑶ 簡単な小物及び袋の製作 B　食物 ⑴ 栄養素の働き，栄養素を含む食品を組み合わせたとり方 ⑵ 野菜や卵の簡単な調理 ⑶ 簡単な間食の整え方，食べ方やすすめ方の工夫と団らん C　家族の生活と住居 ⑴ 家族の仕事や役割，家庭の仕事への協力 ⑵ 身の回りの整理・整とん，清掃 ⑶ 身の回りの品物の活用の仕方，不用品やごみの適切な処理 （第6学年） A　被服 ⑴ 日常服の選び方，被服の整え方 ⑵ 日常着の手入れの仕方，洗たく，ほころび直し ⑶ 簡単なエプロンやカバー類の製作 B　食物 ⑴ 栄養を考えた食物のとり方，1食分の献立作成 ⑵ 簡単な調理 ⑶ 会食の意義と計画 C　家族の生活と住居 ⑴ 生活時間の使い方の工夫 ⑵ 買物の仕方や金銭の使い方 ⑶ 住居の働き，快適で安全な住まい方 ⑷ 家族の生活に役立つ簡単な物の製作
平成14～22年度 家庭	（第5・6学年） ⑴ 家庭生活と家族 ⑵ 衣服への関心 ⑶ 生活に役立つ物の製作 ⑷ 食事への関心 ⑸ 簡単な調理 ⑹ 住まい方への関心 ⑺ 物や金銭の使い方と買物 ⑻ 家庭生活の工夫
平成23～令和元年度 家庭	（第5・6学年） A　家庭生活と家族 B　日常の食事と調理の基礎 C　快適な衣服と住まい D　身近な消費生活と環境

令和2年度～ 家庭	（第5・6学年） A　家族・家庭生活 B　衣食住の生活 C　消費生活・環境

「学習指導要領一般編（試案）」には，「家庭科は，これまでの家事科と違って男女ともに,これを課することをたてまえとする。ただ,料理や裁縫のような,内容が女子にだけ必要だと認められる場合には，男子にはこれに代えて，家庭工作を課すること」と述べられている。家庭科は第5・6学年に週3時間配当され，男女共修の教科となった。

1947（昭和22）年の学習指導要領家庭科編（試案）の「はじめのことば」では,「家庭科すなわち家庭建設の教育は……家庭に，社会に貢献できるようにする全教育の一分野である。……略……小学校においては，家庭建設という生活経験は，教科課程のうちに必要欠くべからざるものとして取り扱わるべきで，家庭生活の重要さを認識するために，第5，6学年において男女共に家庭科を学ぶべきである。これは全生徒の必須科目である」と述べられている。これまでは家事・裁縫教育として女子が学ぶべき内容と考えられていたが，民主的な家庭建設の教科としてすべての児童が学ぶことが提言された。これは画期的なできごとであった。

1947（昭和22）年発行の「学習指導要領一般編」では，生活単元学習の形態をとり，第5学年では6単元，第6学年では4単元が示された。そして，男女に家庭生活の重要さや自分の役割を自覚させ，よりよい家庭生活を建設するための内容を示した。ただし，男子には掃除用具等の製作・修理，女子には前掛けの製作というように男女異教材であった。

民主的な家庭建設の教科として発足した家庭科は，何をどのように教えたらよいか明確でなかったし，家父長制が顕在化していた当時の家庭生活を考えれば,男子の家庭科学習の必要性に疑問がもたれるなど,混乱していた時期であった。

2. 1951（昭和26）年

1951（昭和26）年に「学習指導要領一般編」の改正が行われ，音楽，図画工作とともに「創造的表現活動を発達させる教科」に組み入れられ，3教科で

20～25％が配当された。教科としての家庭科の内容を，学習経験は男女共通で，技能経験は初歩的なものに限るべきであることなどが指摘された。家庭科以外の教科については学習指導要領の改訂を行ったが，家庭科については学習指導要領の改訂はされなかった。

文部省は家庭生活指導の重要性から『小学校家庭生活指導の手びき』を刊行し，小学校の全学年において家庭生活指導を行うべきであるとして，表3-1に示すように，8領域を設定した。この内容は家庭科とも重複する部分が多く，家庭科を特設しない学校もあり，家庭科教育に混乱が生じた時期でもあった。

3. 1956（昭和31）年

1956（昭和31）年の改訂では，小学校家庭科の目標を明確にし，指導内容を整理し，指導の要点を具体的に示した。家庭生活の意義の理解と協力，民主的な家族関係，衣・食・住に関する知識・技能・態度の習得，生活する上での労力・時間・物資・金銭の使い方，休養や娯楽の意義や工夫など，生活の合理化を目指し，実践的態度の育成を目的とした。学習内容は表3-1に示すように，家族関係，生活管理，被服，食物，住居の5分野に整理された。学年別の内容は示されなかったが，男女とも同一教材であった。

4. 1958（昭和33）年

1958（昭和33）年，基礎学力の充実，道徳教育の徹底，科学技術の振興などの要請により，家庭科では社会科との重複に対する批判から改訂が行われた。この改訂は文部省告示となった初めてのものである。民主的な家庭建設を目指した人間関係を重視した学習は後退し，生活技術を中心とした家庭生活の理解や実践的態度を養うことをねらいとした目標に改訂された。「指導計画作成および学習指導の方針」として，「男女の児童の家庭生活における仕事の分担の違いなどの特性に応じ，無理のないようにする」と記述されている。このことから家庭科は，女として，男として，いわゆる社会的・文化的につくられた性差（ジェンダー）の再生産をしていたといわざるをえない。学習内容は被服，食物，すまい，家庭の4領域に整理・統合され，学年別の内容が示された。戦後ずっと続いた生活単元型の経験主義カリキュラムが，領域別カリキュラムへと変わった。指導時間は週2時間となった。1961（昭和36）年度から家庭科の検定教科書が使用されるようになった。

5. 1968（昭和43）年

1967（昭和42）年教育課程審議会は，「小学校の教育課程の改善についての答申」を行った。家庭科は，①教科の目標を明確にする，②内容を基礎的事項に精選し，指導の重点を明確にする，③他の教科との関連を配慮する，④中学校の技術・家庭科との関連を配慮する，という方針のもとに，1968（昭和43）年学習指導要領が改訂された。

これまでの4項目にわたって示されていた目標が総括的目標として示され，さらに具体的目標を4項目に分けて提示した。前回と同様，被服，食物，住まい，家庭の4領域であった。特に，被服と住まいの領域の内容が精選された。

6. 1977（昭和52）年

教育課程審議会は1976（昭和51）年に「小学校，中学校及び高等学校の教育課程の改善について」答申した。家庭科に関しては，「実践的，体験的な学習を行う教科としての性格が一層明確になるように留意して内容の精選を行い，その構成を改善すること」，「小学校においては，児童の衣食住などに関する実践的活動を通してつくることや働くことの喜びを味わわせるとともに，家族の一員としての自覚や家庭生活に協力しようとする態度を養うこと」という答申が出された。これを受けて，1977（昭和52）年の改訂では，実践的・体験的な学習を行う教科としての性格を一層明確にした。学習内容では，家庭の領域の内容は他の領域に統合し，被服，食物，住居と家族の3領域に整理・統合された。また，教師の弾力的な扱いができるよう配慮された。

7. 1989（平成元）年

1975（昭和50）年の国際婦人年を経て，男女平等を志向する世界的・社会的な潮流のなかで，我が国も1985（昭和60）年に女子差別撤廃条約を批准し，これを踏まえて改訂されたのが1989（平成元）年の学習指導要領である。社会や家庭を取り巻く生活環境の変化に対応して，男女が協力して家庭生活を営んでいくために家庭生活に必要な知識や技能を習得させることを考慮して，学習内容では表3-1に示すように，被服，食物，家族の生活と住居の3領域となった。1977（昭和52）年に告示された学習指導要領の3つの領域の考え方を踏襲するものであるが，家族の生活と関連させて，住居の内容を扱うことを一層明確にするために，領域名が改められた。

8. 1998（平成10）年

21世紀に向けた新しい時代の教育のあり方として，1996（平成8）年7月，中央教育審議会第一次答申において，「ゆとり」「生きる力」「総合的な学習の時間」「学校週5日制」などをキーワードに掲げ，これからの学校教育のあり方を提言した。それを踏まえて，1996（平成8）年8月，文部大臣は教育課程審議会に対し，「幼稚園，小学校，中学校，高等学校，盲学校，聾学校及び養護学校の教育課程の基準について」諮問を行った。約2年にわたる審議の結果，1998（平成10）年7月に答申した。特に小学校家庭科は，家族との触れ合いや衣食住などの実践的な学習を通して家庭生活に関心をもたせるとともに，家庭生活に必要な基礎的な技能を身に付けさせ，自分との関わりを考え，家族の一員として家庭生活をよりよくしようとする態度を育てることを重視して改善された。目標，内容ともに第5・6学年がまとめて示され，学習内容は8項目に整理・統合され，児童の日常生活と関連を図りにくいものや，技能・理解の程度が高くなりやすい内容を削除したり，中学校に移行したりした。

9. 2008（平成20）年

知識基盤社会やグローバル化などの社会の変化の中で，2005（平成17）年2月には，国の教育課程の基準全体の見直しについて検討するよう，中央教育審議会に対して要請があり，同年4月から初等中等教育分科会教育課程部会を中心に審議を開始した。教育基本法の改正などを踏まえて，学習指導要領全体の見直しについて審議を積み重ね，2008（平成20）年1月に，「幼稚園，小学校，中学校，高等学校及び特別支援学校の学習指導要領等の改善について」答申を行った。

教育基本法や学校教育法の改正などを踏まえ，「生きる力」という理念を共有し，確かな学力を確立するために必要な授業時数の確保を図り，学習意欲の向上や学習習慣の確立，豊かな心や健やかな体の育成のための指導の充実などを改訂の理念として掲げた。

そして，小学校家庭科は，中学校の内容との体系化を図り，生涯の家庭生活の基盤となる能力と実践的な態度を育成する視点から，A家庭生活と家族，B日常の食事と調理の基礎，C快適な衣服と住まい，D身近な消費生活と環境，に関する内容で構成された。また，生活を工夫する楽しさやものを作る喜び，家族の一員としての自覚をもった生活を実感するなど，実践的・体験的な学習活動，問題解決的な学習を通して，自分の成長を理解し，家庭生活を大切にする心情を育むとともに，生活を支える基礎的・基本的な能力と実践的な態度を育成することを重視した。

10. 2017（平成29）年

情報化やグローバル化の進展や技術革新等により，社会構造や雇用環境は急速に変化しており，予測が困難な時代となっている。例えば，人工知能（AI）の飛躍的な進化に伴い，人間が活躍できる職業はなくなるのではないか，今学校で教えていることは，時代が変わったら通用しなくなるのではないだろうかなど憂慮することが山積していた。そのため，子どもたちが未来の創り手となるために必要な資質・能力を確実に育成できる学校教育を実現することが急務となった。こうした状況下で2014（平成26）年11月には，文部科学大臣から新しい時代にふさわしい学習指導要領等の在り方について中央教育審議会に諮問を行った。

中央教育審議会初等中等教育分科会教育課程部会の家庭，技術・家庭ワーキンググループでは，2008（平成20）年改訂の学習指導要領の成果として，児童生徒の学習への関心や有用感が高いことなどが見られるが，一方，生活の科学的な理解や生活課題を解決する能力と実践的な態度を育成すること等の課題が認められるとした。次期改訂に向けては，指導内容の系統性，学校段階に応じた学習内容の明確化を行った。また，問題解決的な学習過程を踏まえた改善を行った。

2016（平成28）年12月に「幼稚園，小学校，中学校，高等学校及び特別支援学校の学習指導要領等の改善及び必要な方策等について（答申）」を示した。そして，2017（平成29）年，学校，家庭，地域の関係者が幅広く共有し活用できる「学びの地図」として学習指導要領を示し，小学校は，2020（令和2）年4月1日から全面実施することとなった。

教科の目標を，生活の営みに係る見方・考え方を働かせ，また，育成を目指す資質・能力を「知識及び技能」「思考力，判断力，表現力等」「学びに向かう力，人間性等」の3つの柱により明確にした。学習内容は，「A家族·家庭生活」，「B衣食住の生活」，「C消費生活・環境」の3つの内容に整理統合し，空間軸の視点として，主に自己と家庭，時間軸の視点としては，現在及びこれまでの生活を捉えて学習することになった。

以上のように，時代の趨勢に沿って家庭科教育の目標や内容が変化してきた。家庭科は生活を扱うため，社会の変化や思想の潮流の影響を受けやすく，それらを反映してきた。しかし，いつの時代でも普遍的に存在する教育の目標を把握しつつ，家庭科教育の本質を見失わないようにしなければならない。そのためにも，家庭科教育がたどってきた歴史を理解し，これからの家庭科のあり方を考察していくことが要請される。

課　題

1. 第二次世界大戦以前とその後の家庭科教育のあり方について特徴的なことをまとめよう。
2. 学習指導要領の改訂の経過からみた家庭科の目標や内容の変遷についてまとめよう。
3. 戦前と今日の女性観や家庭観を比較し，家庭生活を学習対象とする家庭科にどのような影響が及ぼされたか考えよう。

参考文献

池﨑喜美恵・滝山桂子・増茂智子『家庭科指導法』玉川大学，2001年
池﨑喜美恵編『新版　小学校家庭科授業研究』教育出版，2009年
中央教育審議会初等中等教育分科会教育課程部会の家庭，技術・家庭ワーキンググループ「家庭，技術・家庭ワーキンググループにおける審議の取りまとめ」http://www.mext.go.jp/b_menu/shingi/chukyo/chukyo3/065/sonota/__icsFiles/afieldfile/2016/09/12/1377053_01.pdf
文部科学省『小学校学習指導要領（平成20年告示）解説　家庭編』東洋館出版社，2008年
文部科学省『小学校学習指導要領（平成29年告示）解説　家庭編』東洋館出版社，2018年

第4章

家庭科の学習指導

家庭科における学習指導は，児童が家庭生活に関する知識や技能を習得し，家庭において実践できるように教師が支援しなければならない。それには，教師が効果的な学習指導方法を研究し，児童が「気付く」「考える」授業をデザインすることが要請される。そして家庭科の学習は役に立つと児童が思える指導を考えていきたい。そのためには，どのような学習形態をとるのか，どのような学習方法をとるのかを学習内容によって選定しなければならない。本章では，家庭科指導における学習形態や特徴的な学習指導方法などについて解説する。

キーワード　主体的・対話的で深い学び　問題解決能力の育成　技能習得　実践的・体験的な学習活動

第1節　授業設計

1．学習指導の原理

授業を設計するには，学習目標を達成するためにどのような指導形態をとるか検討しなければならない。教科の学習を効果的，能率的に行うよう指導・助言することは教師の指導力量に関わる。学習する側からすれば学習過程であり，指導する側からすれば教授過程である。そこで，学習者の学習活動と教師の教授活動を一つのまとまったものとして考え，教授−学習過程と呼ぶこともある。

学習指導を考える場合，発達と教育との関係について検討しなければならない。ヴィゴツキー（Vygotsky，L.S.）は，発達あるいはレディネスは教育に先行する，発達も教育も行動習慣の獲得の過程である，教育が発達を作り出すという3つの考え方を示した。子どもの現在の発達水準と子どもが他の人の援助のもとで問題を解決できる発達水準があり，この両者のずれの部分を発達の最近接領域という。これは教育によって作り出されると主張した。子どもの発達を促すには，最近接領域をいかに捉え，子ども自身が学習をどのように進めていくかが問われることになる。

そこで，学習指導を展開するに当たりよりどころとなる原理として，次の5つをあげることができる。

①**自発性（自己活動）の原理**……学習は児童が自ら学習意欲をもち自発的に自己活動を展開したときにはじめて成立する。

②**興味の原理**……児童の自発性や自己活動を喚起し，また学習への持続性や発展性を内面的に支えるために興味をもたせることが必要である。

③**個性化の原理**……児童が自ら興味をもち自発的に学習活動を展開する過程において，自己を見いだし，自己を個性化する過程が必要である。

④**経験の原理**……デューイ（Dewey, J.）は，教育とは，経験の意味を増し，その後の経験の進路を導く能力を高めるところの経験の改造，または経験の再構成であると述べた。つまり，「なすことによって学ぶ」とは，まさにこのことをさしている。

⑤**社会化の原理**……児童の認識の発達は，個人内では発達不可能であり，社会的要因に働きかけ，その相互作用の過程を通して，諸々の法則性や関係性を自己のものとして取り入れながら，成長・発達していく。

このような学習の5つの原理を踏まえて，家庭科の学習指導を行っていかなければならない。

2. 主体的・対話的で深い学び

中央教育審議会答申では，アクティブ・ラーニングの視点に立った授業改善を推進することが求められた。アクティブ・ラーニングという言葉は，主体的・対話的で深い学びに置き換えられた。「主体的・対話的で深い学び」とは，他者との対話や協働を通して自らの考えを広げ深める学びであり，「深い学び」とは「生活の中から問題を見いだして，課題を設定し，その解決に向けた解決策の検討，計画，実践，改善という一連の学習活動の中で，生活の営みに関わる見方・考え方を働かせながら，課題の解決に向けて自分の考えを構想し，表現したりして，資質・能力を獲得する学び」である。

主体的・対話的で深い学びの授業づくりのポイントとして，勝田（2019）は6項目を挙げている。

①児童の家庭・地域生活を把握し，家庭との連携を図る
②導入の工夫
③題材構成の工夫
④問題解決的な学習の充実
⑤発信型の学習の充実
⑥指導方法・指導形態の工夫

要するに，児童の経験や生活観を引き出す発問や価値観を揺さぶる事実を提示したり，体験的な活動で学習課題を共有させることを心がけなければならない。また，生活課題を発見させ，視点をもって探究活動や対話をしながら学習を進めていきたい。さらに，自分の生活課題の解決方法や結果を言葉や図表などで発表できるように授業の工夫を図ることが必要である。

後述するが，ジグソー法はアクティブ・ラーニングの一つの学習方法であるといわれている。

3. 学習指導の形態

学習指導形態とは，教室にいる学習者たちをどのように構成して授業を進めるかという授業の運営方法である。

(1) 一斉学習

教師が多くの学習者たちに，同じペースで同じ教材を指導する伝統的な学習方法である。多数の学習者に対し，共通の多くの内容を効率的に教えることができるという長所がある。しかし，学習者が受身的・消極的になりやすく，学習者の個性を把握しにくいという短所がある。家庭科では授業の導入やまとめに活用され，基礎的な知識や技能の習得及び実習における注意喚起や手順の説明において用いられる。

(2) 集団学習（グループ学習）

学習集団を4～6名ぐらいの少人数のグループに分け，そのグループ内での共同学習の過程で主体的に取り組ませる。グループ内で意見交換や協力をした

り，作業を進めていくことにより，児童たちの思考の発展や深化や協調性が図られる。家庭科では調理実習が代表的なグループ学習である。施設・設備の関係や調理操作に費やされる時間的な条件のためグループ学習が行われる。しかし，グループの構成メンバーのモチベーション，学習活動量，協力度に差があることが多い。そのため，グループを構成する上で配慮が必要である。グループを編成する場合，等質グループ，異質グループに分けられる。どのようなグループを形成して実習や討議などの学習活動を行うかは，学習内容，構成員の年齢，リーダーの力量などにより考慮する必要がある。

(3) 個別学習

学習者が一人一人の能力や興味・関心に応じて，自己のペースで主体的に学習を進めていく。集団的思考がないため思考の発展や深化，社会性を育成することが難しい。しかし，学習者一人一人には性格，意欲，知識・技能，生活経験，思考過程などに個人差があるので，個別学習は各人のペースで学習を進められることが長所である。家庭科では被服製作の技能習得，コンピュータを使用した学習などは個別学習による場合が多い。教師は机間指導しながら，常に全体を掌握しておかなければならない。

しかし，授業は1つの学習形態にとどまらず，被服製作の場合は，一斉学習で導入が始まり，展開は個別学習が行われ，最後は一斉学習でまとめが行われたり，進度チェックなど個別学習が行われる場合が多い。また，調理実習は，注意事項や手順を一斉学習で確認し，グループで調理実習を行い，試食・片付けの後，ワークシートに感想などを記入する個別学習が行われる。したがって，学習内容により様々な学習形態がとられる。

第2節　家庭科の学習指導法

学習は学習者，教師，教材の三者の相互作用により進められていく。誰が主体となるかにより，次の3つに分類できる。

・教師の指導が主体となって，学習者が参加する形をとる……講義法，示教法，示範法など
・学習者の活動が主体となって，教師が指導助言する……実験法，実習法，プ

ロジェクト法，問題解決学習，劇化法，ジグソー法，調査法，見学法，研究発表など

・教師と学習者との相互学習により学習を進める……問答法，討議法，プログラム法，視聴覚機器を使用する方法など

1．家庭科で用いられる主な指導法

上記の事例のうち，家庭科で導入する代表的な学習指導法について説明する。

(1) 講義法

古くから行われている指導法であり，多数の児童に対し，系統的な知識や情報等を伝達するため一斉学習する場合に用いられる。児童の主体的な学習を妨げやすいので，教師は話す速度や発問の仕方を工夫しなければならない。

(2) 示教法

実物・標本・模型等を見せたり，触れたりさせて児童の直感に訴えて学習を進める，いわゆるオブジェクトレッスン（object lesson）である。児童に提示物を示し，児童の知識や理解を高めるため講義法の補助手段として用いられる。

提示物として，図表，掛図，写真，食品模型，住居模型の他に，実物大標本，拡大標本，縮小標本，部分標本，段階標本，材料標本などがある。

(3) 示範法

被服実習や調理実習・実験等の実践的学習において，教師が児童の前で手本を見せることにより取り組みやすくなり，児童の理解を促す学習指導法である。デモンストレーション（demonstration）とも言い，教師の優れた示範は児童の技能習得の意欲を引き出し，技能の習熟にもつながる。教師は解説を加えながら，用具の使い方や手順について示範をする。したがって，教師は絶えず技術の練習をし，児童に示範できるように研鑽を積まなければならず，教師の力量が問われるところである。

(4) 実験法

実験により科学的知識や理解の定着を図ることを目指した指導法である。教師がやって見せる示範実験と児童が行う学習者実験がある。また，事実かどう

かまず実験を行い，理論を誘導する発見実験と，先に理論を教えそれを証明する検証実験（証明実験）とがある。児童が学習したことを家庭生活に役立たせることが学習の有用性につながるため，家庭科の実験は，日常，児童が使用している用具を使って行うことが望ましい。例えば，ボウル，鍋，コップなど日常使用している物を使って実験をすることにより，家庭科の学習が児童の生活に還元されやすいからである。

また，小学校家庭科の実験例として，炊飯実験，卵の熱凝固性の実験，汚れた布ときれいな布の吸水実験，布の通気性の実験，住まいの通風実験などがある。

実験を指導する場合，教師は事故防止に留意することは言うまでもないが，教師実験によりその結果を観察させるのか，学習者実験にするのかを見極める必要がある。

(5) 実習法

児童が体や手指を使用して物に働きかけ，技能を習得し，体験から様々なことを学んでいく学習活動である。衣生活の製作学習や調理実習がそれに当たる。児童に主体的に取り組ませることが必要であり，そのためには実習に適した施設や設備及び使用する道具や器具の管理をしなければならない。

小学校学習指導要領の「指導計画の作成と内容の取扱い」では，次のように示されている。

実習の指導に当たっては，次の事項に配慮するものとする。

(1) 施設・設備の安全管理に配慮し，学習環境を整備するとともに，熱源や用具，機械などの取扱いに注意して事故防止の指導を徹底すること。
(2) 服装を整え，衛生に留意して用具の手入れや保管を適切に行うこと。
(3) 調理に用いる食品については，生の魚や肉は扱わないなど，安全・衛生に留意すること。また，食物アレルギーについても配慮すること。

家庭科は実践的・体験的な活動を通して学習することを特徴としているので，製作や調理などの実習を安全かつ効果的に進めるために，事故の防止に留意する必要がある。また，調理実習では清潔なエプロン等を身に着けさせたり，袖口をまくったり腕カバーを付けたり，髪の毛などが食品や調理器具などに触れないように三角巾を着けるなど服装を整えることを指導する。

用具の手入れではこんろ，庖丁，まな板，ふきんなどの調理実習で使用する用具の安全・衛生的な扱いや保管，さらに針，はさみ，アイロン，ミシンなどの製作用具の安全な使い方や保管方法を適切にすること，熱源，用具，機械などの扱い方や用具の配置の仕方が仕事の能率や事故の防止につながることに気付かせる。

調理実習では，調理に用いる材料は安全や衛生に十分留意して選択し，扱うようにする。特に，生の魚や肉については調理の基礎的事項を学習しておらず，扱いや衛生面での管理が難しいので用いないようにする。今改訂で実習の指導に当たって食物アレルギーに留意する記述が加わった。調理実習で扱う材料にアレルギーの原因となる物質が含まれていないか確認する。食品によっては手に触れたり，調理することにより発生した蒸気を吸ったりすることで発症する場合もあるので留意する。つまり，発症の原因となる食物の管理や発症した場合の緊急対応などを確認し，事故防止に努めることが示された。

家庭科で技能学習を進めていくに当たり，基礎的・基本的な技能はすべての子どもに習熟させたい。また，一人で行うより，みんなと一緒に行うことで強制感を軽減させ，相互啓発しながら，技能の質を高めていくように心がけたい。そのためには，技能の陶冶にふさわしい家庭科の指導者の力量を高めることが必要であり，他の熟練した指導者の支援も取り入れていくことが要請される。

（6）問題解決学習

児童が自己の生活の中から問題を見つけ，解決するために実験や実習，調べ学習などを用いてその問題を解決する方法で，デューイによって提唱された。児童は「気付く」「考える」場面が与えられることで，今の生活や将来の生活に役立つ知識・技能を習得することができる。問題解決学習の手順は，①問題意識をもつ。②問題意識を明確化する。③問題解決のために必要な情報を収集する。④問題解決のための仮説を立てる。⑤仮説を検証する。⑥問題意識を整理し，発展させる，というプロセスをたどる。この学習過程で調べ学習をしたり，実験をしたりしながら，家庭生活への関心や思考力・判断力を育成することを目指していく。

（7）プロジェクト法（構案法）

デューイの影響を受けたキルパトリック（Kilpatrick, W.H.）によって理論化された。戦後の教育改革時に，アメリカの指導のもと，家庭科にホームプロジェクトが導入された。現在は高等学校の家庭科に「ホームプロジェクトと学校家庭クラブ活動」として設定されている。プロジェクトとは，学習者が生活の中にある解決したいという目的のある課題のことを指し，児童自身が捉えた課題である。課題を見つけ，解決のために計画を立て，それに沿って実践し，その結果を評価するというプロセスをたどる。ホームプロジェクトは，高等学校に設けられているが，小学校の児童が家庭科学習の集大成として，第6学年でホームプロジェクトを取り上げて研究発表することもよいと思われる。

家庭科の内容A「家族・家庭生活」の(4)「家族・家庭生活についての課題と実践」はまさにこのプロジェクト法を基本にしたものである。

(8) 劇化法

特定の場面を設定し，児童が登場人物になりきって劇を演じ，問題になっていることを考えたり，相手の立場を理解するために用いる。

家族や家庭生活の学習や消費者教育を指導する時に，それぞれの役割をもつ人物になって演じる場合，ロールプレイングという。ロールプレイングは数人の児童が演じる劇の中で，他の児童たちが「自分だったらどうするか」，「どう答えるか」など，自己に置き換えて考えることが必要である。そのため，ワークシートを用意し，演じていない児童にも考えさせる工夫が必要である。

(9) 調査法・見学法

学校外の施設等，例えば，商店，工場，公共施設，保育園・幼稚園などを見学して，児童の目で実態を調べたり，そこで働いている人々に意見を聞いたりすることが必要である。教師は調査や見学をする場所とあらかじめ相談をし，児童が効果的な活動ができるよう準備をしておかなければならない。また，その結果を発表し合い，児童同士が知識や経験を共有する。さらに，調査・見学した担当者に報告するなど事後の活動にも配慮する。

調査学習は，観察調査，面接調査，質問紙調査に大別され，それぞれ特徴がある。家庭科の学習として，生活時間調べ，家庭の仕事調べ，ごみの分別調べ，献立調べなどの題材がある。

(10) ジグソー法

アメリカの学校では白人と黒人の子どもの間に教育レベルの差が生じ，黒人の子どもが劣等感から授業にあまり参加できなかったという状況下で，協力しなければならない学習方法を作れば解決できるのではないかということからアロンソン（Aronson, E.）が提唱した。学習者同士が協力し合い，教え合いながら学習を進めていく方法である。アクティブ・ラーニングの実践方法の一つとして注目を集めている。

2. 家庭科の学習指導の特質

小学校家庭科では，日常生活の身近なことから授業を始める。今日何を食べてきたか，それはどんな材料でできているか，どのように調理されているかなどについて興味をもち，知識を得たり調理する技能を身に付けたりしながら主体的に生きていけるようになる生活的自立を目指す。受身的な依存的な生活への関わりから，生活をよりよくするために，自分が主体的に関わっていけるような転換を図ることを小学校家庭科は目指している。家庭科の教科目標に示されているように，まず，実験・実習，製作，調査などの実践的・体験的な学習活動を通して，家庭生活に関心をもたせ，仕事の楽しさや完成の喜びを体得させる。「分かった，できた」という達成感や課題遂行についての自信ともいえる自己効力感をもたせるようにするとよい。

次に，生活事象の認識を深める学習指導を心がける。生活事象を認識するプロセスの中で児童が疑問や戸惑いを感じ，内部矛盾を引き起こす。「なぜそうするのか，どうすればよいのか」と試行錯誤を繰り返し，生活を営む上で生じる課題に対して，児童なりの判断をして課題を解決することができる能力の育成を目指す学習指導を取り入れる必要がある。このことにより，児童は生活に関心をもち，生活者としての自覚が芽生えてくる。

また，課題解決能力の育成を目指す学習を進めていく。家庭科の学習にかりたてる動機づけとは，目標である課題の理解や解決に向けて学習に取り組み，解決した時の満足感によって，新たな課題に挑戦する意欲をもち，それが学習の原動力にもなる。課題に対して解決のための仮説を立て，児童なりに推論をし，それが正しいか検証をしてみる。そして学習活動の中で課題を解決する努力をし，児童自身の生活に適応させていくことが家庭科の学習効果になる。

中間（2006）は，参加型アクション志向学習方法として，共同思考学習法，想定事例についての問題解決学習，現実課題についての問題解決学習の3つに分類して具体的な事例をあげている。例えば，バズ・セッション，ブレーンストーミング，インタビュー，KJ法，NIEなどの共同思考学習法，ディベート，ロールプレイ，ゲームなどの想定事例についての問題解決学習，ホームプロジェクト，フィールドワーク，ワークショップなどの現実課題についての問題解決学習をあげている。このように様々な学習指導の方法があるが，学習内容によって，あるいは習得させたい知識・技能によって学習指導法を変えていくことが必要である。

課　題

1. 家庭科の学習指導の特質についてまとめよう。
2. 実習指導における留意点をあげよう。
3. 問題解決学習を進めていく際の留意点について述べよう。

参考文献

伊藤葉子編著『新版　授業力UP　家庭科の授業』日本標準，2018年
高橋浩・金田健司編著『現代教育本質論』学文社，2004年
中間美砂子編著『家庭科への参加型アクション志向学習の導入』大修館書店，2006年
三沢徳枝・勝田映子編著『新しい教職教育講座　教科教育編8　初等家庭科教育』ミネルヴァ書房，2019年
森岡修一・平林進編『発達と教育』エイデル研究所，1997年

第5章

家庭科の評価

学習指導と学習評価の表裏一体化は，「カリキュラム・マネジメント」及び「主体的・対話的で深い学びの視点からの授業改善」においても重要である。児童が家庭科を学習することにより基礎的・基本的知識や技能をどれだけ習得できたかを明らかにすることは，教師にとっても児童にとっても，次の学習指導を考える上でも大事なことである。家庭科は実践的・体験的な学習をする教科であるので，児童が習得した学習成果に対し，妥当性・信頼性のある評価をするにはどのようなことに配慮すべきか考えなければならない。

本章では，評価の目的や評価の観点及び評価方法について論ずる。そして，具体的な評価事例をあげて解説する。

キーワード　評価の観点　絶対評価　評価時期　評価の信頼性

第1節　評価の意義と目的

教育評価とは，家庭科を指導した結果が，児童の学習や行動をもとに目的や目標をどの程度達成しているかについて判断することである。評価は指導のあり方を改善し，児童のよりよい発達を促すことを目指している。

評価の目的について教師の側からまとめると，次のようになる。

1. 子どもが指導目標に到達したかどうかを知って指導に役立てる。
2. 教育の目的及びその指導計画にそって望ましい結果が得られたかどうかをみて，目標，計画，方法などの改善に役立てる。すなわち，計画（Plan）−実施（Do）−評価（Check）−改善（Action）サイクルを実行する。

3. 評価によって教育課程や教科書の適否を調べ，それらの改善に役立てる。

学習者の側からみると，次のようになるであろう。

①学習成果を知り自己の全体での位置付けを知ることができる。

②学習者自身の長所・短所を知り，自己理解に役立てられる。

③学習方法の改善に役立てることができる。

アトキンソン（Atkinson, J.W.）の達成動機の研究では，何かをやりたいという気持ちをもったとき（欲求・動機）に，それを最後までやり抜こうとするか否かは，成功したい気持ちと失敗を恐れる気持ちとの相対的な強さによって決定される。所定の課題に対してやる気をもっていたとしても，課題の成功失敗の見通しのもち方によって，やり抜こうとする動機付けの強さは異なってくることが報告されている。したがって，指導する時は成功するだろうという見通しを児童にもたせる動機付けが必要であり，このことは教師の指導の評価結果に表れてくる。

第2節　評価の観点

1. 評価の観点の変遷

表5-1に示すように，家庭科の評価の観点は1948（昭和23）年には小学校学籍簿に目標として示され，その後，1955（昭和30）年の指導要録に所見として技能，理解，実践的な態度が示された。1980（昭和55）年になると，知識・理解が上位に設定されていたが, 1991（平成3）年には家庭生活への関心・意欲・態度が上位に設定され，4つの観点が示された。これは，学習指導要領の趣旨と関連しており，学校教育に求められる課題や考え方がその背景にある。さらに，2010（平成22）年5月，「小学校，中学校，高等学校及び特別支援学校等における児童生徒の学習評価及び指導要録の改善等について（通知）」が出され，これまでと同様4つの観点が示された。しかし，2019（平成31）年「小学校，中学校，高等学校及び特別支援学校等における児童生徒の学習評価及び指導要録の改善等について（通知）」が出され，今改訂では，学習評価により子どもたちの学習成果を的確に捉えることは当然であり，評価の結果を教師が次の指導の改善に生かすこと，つまり指導と評価の一体化が重視された。そのた

表5-1　評価の観点の変遷

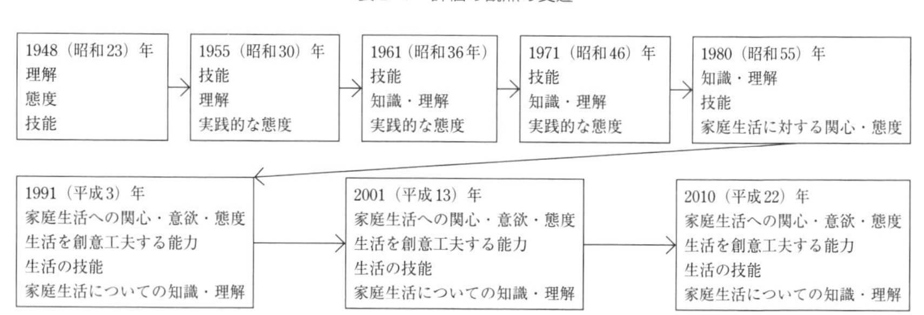

出所：日本家庭科教育学会『家庭科教育50年―新たなる軌跡に向けて―』建帛社，2000年を参考に作成

め，各教科等の目標や内容が3つの資質・能力で示されているように，観点別学習状況の評価の観点についても，「知識・技能」「思考・判断・表現」「主体的に学習に取り組む態度」の3観点になった。

2.「目標に準拠した評価」の観点

観点別学習状況の評価の観点は，各教科等における目標と表裏一体の関係にあることから，育成を目指す資質・能力と一貫性をもったものに改善された。

文部科学省は評価の観点を表5-2のようにまとめている。

(1) 知識・技能

これまでの「家庭生活についての知識・理解」と「生活の技能」を「知識・技能」として整理した。これは，目標の(1)(p. 20参照)と関わっている。

手順の根拠など技能の裏付けとなる知識を確実に身に付け，学習内容を深く理解するための概念形成につながることを重視している。したがって，知識については，日常生活に必要な家族や家庭，衣食住，消費や環境等に関する基礎的・基本的な知識を身に付けているか，人，物，時間，お金など家庭生活を構成している要素を理解しているかについて評価する。技能については，手順や段階を追って身に付く技能だけでなく，経験や課題に応じて活用できる技能として身に付いているかを評価する。

(2) 思考・判断・表現

これまでの「生活を創意工夫する能力」を「思考・判断・表現」と改め，目標の(2)(p. 20参照)に示された一連の学習過程を通して,「知識・技能」を活用して思考力・判断力・表現力等を育成し,課題を解決する力が身に付いたかを評価する。

・日常生活の中から問題を見いだし,解決すべき課題を設定しているか
・解決の見通しをもって計画を立てる際,自分の生活経験等と関連付けて様々な解決方法を考えているか
・課題の解決に向けて,実践した結果を評価・改善しているか
・評価・改善する際,考えたことを分かりやすく表現しているか

などについて評価する。したがって,これまでの「生活を創意工夫する能力」では,自分なりに創意工夫しているかに重点がおかれていたが,ここでは,課題解決に向けてのプロセスについて評価することが必要となる。

(3) 主体的に学習に取り組む態度

これまでの「家庭生活への関心・意欲・態度」を「主体的に学習に取り組む態度」と改め,知識及び技能を獲得したり,思考力・表現力等を身に付けたりするために粘り強い取組を行おうとする側面と粘り強い取組の中で,自らの学習を調整しようとする側面の2側面から評価する。この観点は,目標の(3)(p. 20参照)と関わっている。

衣食住を中心とした生活の営みを大切にしようとしているか,家族の一員として,生活をよりよくしようと工夫し,主体的に実践しようとしているか,地

表5-2　小学校家庭科　評価の観点及びその趣旨

〈小学校 家庭〉

観点	知識・技能	思考・判断・表現	主体的に学習に取り組む態度
趣旨	日常生活に必要な家族や家庭,衣食住,消費や環境などについて理解しているとともに,それらに係る技能を身に付けている。	日常生活の中から問題を見いだして課題を設定し,様々な解決方法を考え,実践を評価・改善し,考えたことを表現するなどして課題を解決する力を身に付けている。	家族の一員として,生活をよりよくしようと,課題の解決に主体的に取り組んだり,振り返って改善したりして,生活を工夫し,実践しようとしている。

出所:文部科学省「小学校,中学校,高等学校及び特別支援学校等における児童生徒の学習評価及び指導要録の改善等について(通知)」2019(平成31)年3月29日より。http://www.mext.go.jp/component/b_menu/nc/__icsFiles/afieldfile/2019/04/09/1415196_4_1_2.pdf

域の人々と関わり協力しようとしているかについて評価する。

例えば，製作学習で粘り強く作品の完成に向けて製作計画や製作に取り組んでいるかや，うまくいかなかったことなどを振り返って計画の調整や学習の調整などをしているかを評価する。なお，家庭生活を大切にする心情等は，観点別評価にはなじまないことから，個人内評価を通して見取ることとされている。

第3節　評価の方法

1．評価の種類

（1）評価者による分類

誰が評価するかにより，教師による評価と学習者による評価に分類できる。

①教師による評価

○絶対評価

学校の教育目標，学年や教科の到達目標などに準拠して評価がされる。また，他の児童と比較し相対的な位置付けではなく，その目標に自分がどこまで到達できているかが明らかになる。教師が指導の成果を確認し，指導法や計画を修正するのに役立ち，児童が自らの学習を点検・反省し，学習意欲を喚起するのに役立つという長所がある。2001（平成13）年の学習指導要領の改訂で，「観点別学習状況」「評定」も絶対評価で行うことになった。

○相対評価

学級，学年などの集団の中で児童がどの位置にいるか，平均を基準にして評価がされる。教師の主観に左右されずに客観的に評価できるという長所がある。しかし，集団全体の成績が向上した場合，個人の向上が評価に表れないという短所がある。そのため，集団が一定していないと評価の意味がなくなり，学校差，地域差などの問題が出てくる。

○個人内評価

児童一人一人についてどの点が優れ，どの点が劣っているとか，個人の過去の成績と比較してどのように変化したかという基準で評価する。個人の中に基準が見いだされる。一人一人を生かす指導の場合や個人の特徴を把握しようという診断的評価には適している。2001（平成13）年の学習指導要領の改訂でも，一人一人のよさや可能性を評価するために個人内評価を一層重視していくことが示された。

このように，それぞれの評価には長所・短所があるので，目的に応じた評価法を選ばなければならない。

②学習者による評価

○自己評価

自己評価は自分自身の振り返りの機会となる。自分自身を把握・理解した上で判断し，行動し，生活していくことは，人間としての特性である。また，自分を分析し，多面的な自己理解にもつながる。自己評価を上手に活用できれば，自己効力感や達成感，自信などの肯定的な自尊感情を育てていくことができ，次のステップへの意欲が出てくる。

○相互評価

学習者同士でお互いに気付いたことを言い合い，話し合っていくことは，学習活動でもあり評価活動にもなる。家庭科で実習した調理をめぐって，味付けや盛り付け，協力状況などについて意見を出し合うことは，多様な物の見方や考え方を学んでいくことができる。

(2) 評価時期による分類

指導の流れの中でどの時期に評価するかにより，診断的評価，形成的評価，総括的評価がある。

①診断的評価

児童が学習するのに必要な状況が準備されているかどうかを明らかにすることを目的としている。例えば，学習内容についての理解の程度，生活経験の有無，技能の定着度などをあらかじめ教師が知っておくことは，指導の円滑化や効果に影響を及ぼす。つまり，学年や学期始めに指導計画を立てるための情報を得るためと，単元の指導過程の中で単元のプレテストとして行われる場合がある。

②形成的評価

単元や授業の展開の中で児童の学習状況をチェックし，その結果をフィードバックして学習過程の改善に生かすことを目的とする。一つのまとまった内容を指導している途中で，何回か評価の場を設定し，その単元の目標が，指導の途中でどこまで実現したかを判断する。児童の学習が未習得の場合は，個別的な補充指導をする必要がある。被服の製作実習の指導に際しては，時間内にめあてに到達できたかどうかを自己評価することにより児童のつまずきを察知することができる。しかし，学習意欲を減退させないようにするためには，細かなチェックが必要である。

③総括的評価

学習の成果をまとめて評価する目的で単元末，学期末，学年末に行われる。単元末に行われる総括的評価は，指導計画の反省・改善のためや補充指導をするための診断的評価の目的もある。一方，学期末や学年末での総括的評価は指導法の改善やカリキュラムの改善という目的もあるが，通信簿や指導要録に記入するための資料収集の目的もある。

2. 評価用具

(1) 知識・技能の評価

①知識の評価

学力の中核をなすものであり，評価方法として口述試験と筆記試験(ペーパーテスト)の2方法に大別できる。いわゆるペーパーテストには様々な形式がある。

①論文体テストは，「———について述べなさい」「———について説明しなさい」などのように，文章で論述する方法である。問題作成は比較的容易であるが，客観性に欠けるので，採点の基準を明確にしておく必要がある。

②客観テストは，問題作成には配慮が必要であるが，採点は容易であり客観的に評価できる。例えば，単純再生法，完成法，訂正法，真偽法，多肢選択法，選択完成法，組み合わせ法，序列法などがある。

a. 完成法は，文章の中の空所を分脈から考えて正しい語句や数字などでうめさせる方法である。

(例) 次の文の（　）の中に適当なことばを入れなさい。
米を炊くときの水の分量は米の体積の（　　）倍で，浸漬時間は（　　）分以上おくとよい。

b. 真偽法は，諾否法ともいい，多数の問題をテストすることができ，広い範囲の学習内容を評価することができる。しかし，正解の偶然性や不真面目な解答をすることもあるので，留意する必要がある。

(例) 次の文章で，正しいものに○，正しくないものに×をつけなさい。
・鶏卵は水から入れて火にかけ，5分くらい加熱すると，全熟卵ができる。(　　)

・洗剤をたくさん使用すると汚れがよく落ちる。(　　)

②技能の評価

技能習得の過程は，模倣を出発点とし反復練習により正確さが加わり，習慣化とともに熟練度が増してくる。家庭科では単に技能を身に付けるだけでなく，仕事に対する理解を深めたり，仕事の仕方を工夫したりして，生活の場に活用できるような能力を習得させる必要がある。したがって，完成した作品や仕事の結果の評価のみでなく，指導過程における評価も重要である。そこで，技能を評価するには技術・技能に関するA. 知識・理解の側面からの評価　B. 技能行動の熟練度・正確さ・迅速さなどの側面からの評価　C. 技術や技能を使用して製作した作品からの評価　など総合的に判断することが必要である。

A. 知識･理解の評価は，論文体テストや客観テストなどを使用して評価できる。

B. 技能行動の評価としては，チェック・リスト法，評定尺度法，逸話記録法，観察法などを使用して評価できる。技能を評価するということは，現実に作業や製作をしている場面や製作した作品を観察することによって，熟練度や正確さを評価する。また，包丁の使い方や切り方，手縫いの基礎的技能など簡単な実技テストを実施することにより，習熟度や定着度を測定することもできる。

a. 評定法は，観察に基づいて個人の特質を相対的・数量的に表そうとする方法で記述評定尺度法，図式評定尺度法，点数式評定尺度法の3種類がある。

（例）生活を豊かにするもののデザインの決め方
A（とても工夫している） B（工夫している） C（ふつう）
D（工夫が足りない） E（工夫していない）

b. パフォーマンス評価は，パフォーマンス（作業あるいは動作）について，何を知っているか，何ができるか，現実の生活の中でどの程度その技能を活用できるかを評価する。

C. 作品の評価は，チェック･リスト法，評定尺度法，一対比較法，等現間隔法，序列法，ポートフォリオなどを用いるとよい。また，児童の自己評価や相互評価も参考にするとよい。

a. 一対比較法は，一つ一つの作品を他の作品と比較して序列を決める方法である。$n(n-1)/2$回比較しなければならないので，対象が多すぎると面倒である。これを簡略化したのが序列法や等現間隔法である。

b. 等現間隔法は, 全作品の中から上・中・下という等間隔に位置する作品を数枚, 見本として抽出し, 残りの作品を比較しながら順位をつける方法である。

評価に際しては個人や作品のもつ全体的印象や先入観によって判断を歪める光背効果（ハロー効果）や熟知しているものに対して有利な評定を与えてしまう寛大効果などが介入しやすい。技能や作品を評価する場合は表面的・形式的な評価にならないよう方法を十分研究することが望ましい。

以上のように, 知識・技能の評価ではペーパーテストで事実的な知識の習得を問う問題と知識の概念的な理解を問う問題とのバランスを配慮することも必要である。また, 児童が文章で説明したり, 観察・実験をしたりグラフや表で表現したりするなど実際に知識や技能を用いる場面を設けることも工夫するとよい。

(2) 思考・判断・表現の評価

生活を創意工夫する能力は, 問題解決能力, 意思決定能力, 思考力, 判断力, 創造的能力と関わりをもつ概念である。これらの能力概念は, 互いに関わりをもちながらそれぞれ独自性をもつ概念である。問題解決能力の育成には, ブレーンストーミングやディベートを行うことにより, 様々な価値観にふれることができ, 問題解決の視点を広げることができる。具体的方法として, レポート作成, 発表, 話し合い, 作品の製作や表現等の多様な活動を取り入れたり, ポートフォリオを活用するなども考えられる。

①観察記録法

机間指導をしながら作業中の児童の工夫や試行錯誤の様子をメモし, 評価の資料とする。

②チェック・リスト法

観点を決め, 行動特質があるかないか, できているかいないかなど2方向の基準をもとに, チェックする方法である。長所としては短時間に処理でき記録が容易であるが, 断片的であるため個人がもつ特性の因果関係を見落としやすいことが短所である。

(3) 主体的に学習に取り組む態度の評価

知識・技能や思考・判断等を身に付ける学習において, 粘り強い取組の中で,自らの学習を調整しようとしているかどうかを評価することがポイントである。自己調整とは①学習の計画段階でめあてを考えたり，学習の見通しを考えたりする。②学習の途中で自らの学習を振り返り，調整する。③学習の結果として目標の達成状況を評価することがあげられる。科学性，思考性，創造性などの知的な面や積極性，実践性，習慣付けなどの行動的な面を評価する。具体的方法として，ノートやレポートにおける記述，発言，観察法，面接法，質問紙法，ゲス・フー・テスト，問題場面テスト，逸話記録法，日記，感想文などがある。また，児童の自己評価や相互評価を併用して評価することにより，教師のみの評価だけより信頼性に富む。

①ゲス・フー・テスト

児童の行動や能力を評価するのに，その児童を知っている仲間同士で事柄について該当する者の名前をあげ，数量化し，集団内の個人の位置を知る方法である。

（例）次のことにあてはまると思う人をクラスの中から選んで書きなさい。
・調理実習の時，班の仕事に協力した人は誰ですか。

②観察法

その時間の目標を実現させることを目指して，児童が学習の進め方について試行錯誤するなどして自らの学習を調整しながら学ぼうとしているかどうか，児童一人一人を観察する。

3．評価結果の記録と通知

2019（平成31）年3月に小学校児童指導要録が改訂された。「学籍に関する記録」と「指導に関する記録」に分けられ，「各教科の学習記録」は，「Ⅰ観点別学習状況」と「Ⅱ評定」を記載する。その他，総合的な学習の時間の記録，特別活動の記録，行動の記録，総合所見及び指導上参考となる諸事項，出欠の記録などの記載事項がある。

家庭科の「観点別学習状況」の評価は，学習指導要領の目標に照らして，「十分満足できると判断されるもの」をA,「おおむね満足できると判断されるもの」をB,「努力を要すると判断されるもの」をCとする。「評定」は，3学年以上では「十分満足できると判断されるもの」を3とし，「おおむね満足できると判断されるもの」を2とし，「努力を要すると判断されるもの」を1とする3段階で評価する。

また，ポートフォリオ等を用いて保護者に説明する努力が求められている。ポートフォリオとは，児童の学習の成果を示す作品やレポート，テストの解答用紙などをファイルに綴じて保存したものである。このような実物を示して児童の学習の進歩や改善すべき点を説明することは，評価結果について保護者の理解を得るためばかりでなく，児童の学習意欲の向上を図り，保護者の協力を得たりするのに有益である。評価は教育活動において責任の重い教師の仕事である。評価結果が一喜一憂されるので，どのような考えの下で評価が行われ，どのような方法で行われたかを明らかにしておかなければならない。評価のための評価に終わらせることなく，指導の改善に生かす評価でなければならない。

課　題

1. 家庭科の評価の観点を整理し，それぞれについて評価するための具体的方法を挙げよう。
2. 主体的に学習に取り組む態度を評価するには，どのように評価を工夫したらよいだろうか。
3. 作品を評価するには，どのような配慮が必要か。具体的に述べよう。

参考文献

下山剛編『児童期の発達と学習』学芸図書，1991年
多々納道子・福田公子編著『教育実践力をつける家庭科教育法』大学教育出版，2005年
辰野千壽『学習評価基本ハンドブック―指導と評価の一体化を目指して―』図書文化社，2010年
文部科学省国立教育政策研究所教育課程研究センター「学習評価の在り方ハンドブック」2019年
文部科学省「小学校・中学校・高等学校及び特別支援学校等における児童生徒の学習評価及び指導要録の改善等について（通知）」2019年
文部科学省『初等教育資料　令和元年6月号，No.981』東洋館出版社，2019年

II　家庭科教育の実践

――家族・家庭生活，食生活，衣生活，住生活，消費生活と環境，
指導計画，教材教具と学習環境，今日的課題と展望――

第6章

家族・家庭生活

児童が育つ大切な生活圏に家庭や地域社会がある。そこでは家族や地域の人々と関わり，協力してよりよい家庭生活を目指して工夫し，活動する中で自分の成長を自覚し，衣食住の営みの大切さに気付き，日常生活の課題を解決する力を養うことをねらいとしている。そのため本章では，「自分の成長と家族・家庭生活」「家庭生活と仕事」「家族や地域の人々との関わり」「家族・家庭生活についての課題と実践」の４項目を取り上げ解説し，指導における留意点にもふれていく。

キーワード　自分の成長　家族　地域の人々　家庭生活　生活時間

第１節　自分の成長と家族・家庭生活

1．自分の成長と家族

自分の成長についての学習は，2008（平成20）年告示の学習指導要領から導入された。第4学年までの自分の生活を振り返ることにより，自分の成長は毎日の生活の積み重ねであることや，生活というのは衣食住などの営みであること，そしてそれを実現できているのは家族をはじめとする周囲の人々の支援によるものであることが分かる。しかし意識していないと，これらを当たり前のこととして自覚化できないものである。

家庭科の学習のスタートである第5学年の最初に，自分の成長への気付きを履修させ，これからの2年間の学習の見通しをもつためのガイダンスとしても，この自分の成長について取り扱うことになっている。ここでは様々な学習領域と関連させ，児童が自分の成長を実感でき，意欲的に学習に取り組めるようにすることを重視している。

文部科学省が公表している年齢別身長・体重の平均値及び標準偏差（表6-1）を見ると，児童の体格は小学校入学時（6歳）よりも家庭科を学ぶ第5学年（10歳）では男女ともに大きくなり，成長発達が実感できる。これは目に見える分かりやすい成長である。一方家庭科の学習で扱う自分の成長とは，以前は自分でできなかったことが，今はできるようになったことなどを対象に考えるとよい。例えば，衣食住で見られる状況を考えてみると，以前は食べられなかったものが食べられるようになったり，整理整頓が一人でできるようになったりなどは，自立につながる立派な成長である。他者と比べるのではなく，自分自身

表6-1　年齢別身長・体重の平均値及び標準偏差（平成29年度）

区分			幼稚園	小学校						中学校			高等学校		
			5歳	6歳	7歳	8歳	9歳	10歳	11歳	12歳	13歳	14歳	15歳	16歳	17歳
男子	身長(cm)	平均値	110.3	116.5	122.5	128.2	133.5	139.0	145.0	152.8	160.0	165.3	168.2	169.9	170.6
		標準偏差	4.79	4.96	5.15	5.39	5.66	6.09	7.12	8.00	7.65	6.68	5.95	5.85	5.87
	体重(kg)	平均値	18.9	21.4	24.1	27.2	30.5	34.2	38.2	44.0	49.0	53.9	58.9	60.6	62.6
		標準偏差	2.64	3.34	4.08	5.04	6.26	7.22	8.35	9.62	9.83	9.83	10.70	10.26	10.38
女子	身長(cm)	平均値	109.3	115.7	121.5	127.3	133.4	140.1	146.7	151.8	154.9	156.5	157.1	157.6	157.8
		標準偏差	4.69	4.87	5.13	5.52	6.14	6.76	6.65	5.97	5.43	5.34	5.32	5.44	5.33
	体重(kg)	平均値	18.5	21.0	23.5	26.4	29.9	34.0	39.0	43.6	47.2	50.0	51.6	52.6	53.0
		標準偏差	2.51	3.22	3.78	4.66	5.79	6.92	7.78	8.01	7.60	7.45	7.68	7.74	7.82

（注）1　調査対象は表の通り（発育状態は全国の5.1%，健康状態は24.9%を抽出）。
平成29年4月1日～6月30日調査。
中学校には中等教育学校の前期課程を，高等学校には中等教育学校の後期課程をそれぞれ含む。
2　年齢は，4月1日現在の満年齢。

区分	調査実施学校数（校）	調査対象者数	
		発育状態（人）	健康状態（人）
幼稚園	1,645	72,380	94,771
小学校	2,820	270,720	1,351,418
中学校	1,880	225,600	847,283
高等学校	1,410	126,900	1,112,029
計	7,755	695,600	3,405,501

資料：文部科学省「平成29年度学校保健統計調査確定値」2018

出所：母子愛育会愛育研究所編『日本子ども資料年鑑』KTC中央出版，2019年

の以前と今とを比較して，その変化を成長と捉えることが大切である。

2. 家庭生活と家族の協力

(1) 家族について

家族とはいったい何だろう。親がいてきょうだいがいて祖父母がいてというように，世代間の繋がりや血縁集団をイメージすることが多いかもしれない。また社会の基本的集団として，結束力が強い人々の集まりと考えることもあるだろう。確かに『新社会学辞典』には，家族について「夫婦（親）・子の結合を原型とする，感情的包絡（emotional involvement）で結ばれた，第1次的な福祉志向集団」（森岡清美他編，有斐閣，1993）とある。一緒に暮らしていてもいなくても，個人の生活に大きく関わっている大切な集団と言える。

ところが厚生労働省が公表している児童相談所虐待相談における主たる虐待者の推移（表6-2）を見ると，相談件数の増加とともに実父による虐待が増加し，実父母による暴力やネグレクトや心理的虐待など人権が脅かされている中で育

表6-2　児童相談所虐待相談における主たる虐待者の推移

（件，%）

区　分	総　数	父		母		その他
		実　父	実父以外	実　母	実母以外	
平成 9年度	5,352	1,445(27.0)	488(9.1)	2,943(55.0)	203(3.8)	273(5.1)
12	17,725	4,205(23.7)	1,194(6.7)	10,833(61.1)	311(1.8)	1,182(6.7)
17	34,472	7,976(23.1)	2,093(6.1)	21,074(61.1)	591(1.7)	2,738(7.9)
19	40,639	9,203(22.6)	2,569(6.3)	25,359(62.4)	583(1.4)	2,925(7.2)
21	44,211	11,427(25.8)	3,108(7.0)	25,857(58.5)	576(1.3)	3,243(7.3)
22	55,154	13,677(24.8)	3,548(6.4)	33,438(60.6)	597(1.1)	3,894(7.1)
23	59,919	16,273(27.2)	3,619(6.0)	35,494(59.2)	587(1.0)	3,946(6.6)
24	66,701	19,311(29.0)	4,140(6.2)	38,224(57.3)	548(0.8)	4,478(6.7)
25	73,802	23,558(31.9)	4,727(6.4)	40,095(54.3)	661(0.9)	4,761(6.5)
26	88,931	30,646(34.5)	5,573(6.3)	46,624(52.4)	674(0.8)	5,414(6.1)
27	103,286	37,486(36.3)	6,230(6.0)	52,506(50.8)	718(0.7)	6,346(6.1)
28	122,575	47,724(38.9)	7,629(6.2)	59,401(48.5)	739(0.6)	7,082(5.8)
29	133,778	54,425(40.7)	8,175(6.1)	62,779(46.9)	754(0.6)	7,645(5.7)

（注）その他は，祖父母，兄弟姉妹，叔父叔母など。平成22年度は，東日本大震災の影響により，宮城県，福島県を除く。

資料：厚生労働省政策統括官付参事官付行政報告統計室「福祉行政報告例」

出所：母子愛育会愛育研究所編『日本子ども資料年鑑』KTC中央出版，2019年

つ子どもがいることが分かる。これはもはや家族が福祉志向集団とは言えない状況である。

さらにそれぞれのライフスタイルと関連した家族，例えば親の離婚や再婚によってできる家族で，子連れ再婚での家族（ステップファミリー）や同性同士のカップルなど，多様な価値観の現代において家族は一様でなく，それぞれが思う家族を家族の定義と捉えることが多い。たしかに家族は長い歴史の中で法律や制度などにより権利や義務が規定され，さらに次の世代を生み育てるという社会的貢献を果たしてきた。家族の安定が個人の安定や社会の安定に繋がっているといえよう。したがって家族はプライベートなものであると同時に，社会的な存在でもあり大切な集団と言える。

(2) 世帯について

家族の定義は一様でないが，類似しているものとして世帯がある。世帯についての定義は分かりやすく「住居と生計を共にしている人々の集まり」または「一戸を構えて住んでいる単身者」となっている。大まかには一般世帯（「親族のみの世帯」「非親族を含む世帯」「単独世帯」）と施設などの世帯（寮・寄宿舎の学生・生徒や社会施設の入所者など）に分類される。5年に1度実施される国勢調査ではこの世帯の実態把握を行っている。総務省の公表結果を見ると（図6-1）3世代家族も含む「その他の親族世帯」が減少している一方で，夫婦のみや単独世帯が増加していることが分かる。特に単独世帯の増加は顕著である。

家族は複数の人を指すのに対し，世帯は一人でも単独世帯として扱っている。そのため家族と世帯が一致することもあるし，1つの家族がいくつかの世帯に分かれているケースもある。単身赴任や進学などによる一人暮らしが分かりやすいだろう。現代は家族やその暮らし方が必ずしも一様でないため，「望ましい家族」や「ふつうの家族」あるいは「家族はこうあるべき」といった，教師の価値観を押し付けるような指導をしてしまわないように気を付けたい。児童が抱えている家族を否定することがないよう，プライバシーには十分配慮する必要がある。様々な家族があること，自分の家族とは異なる形があること，自分の家族も変化していくことがあるかもしれないことなどを客観的に知り，認めることができる学習を心がけたいところである。答えが一つとは限らない学習もあり，ここでの学習はまさにそれに該当する。

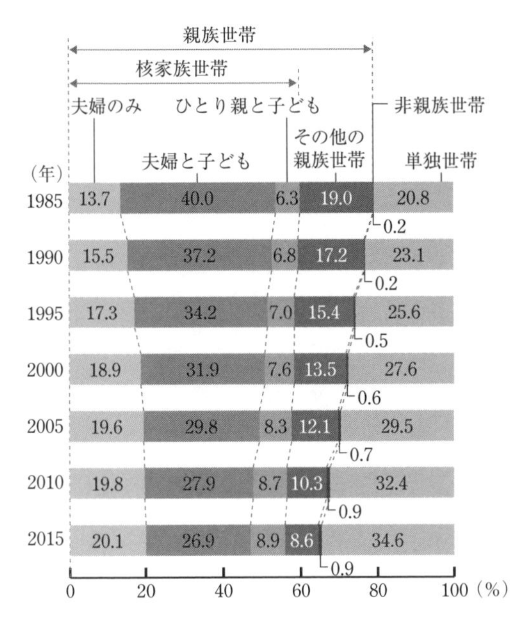

図6-1　一般世帯における家族構成の割合の推移

（注）2010年調査から「親族世帯」は「親族のみの世帯」,「非親族世帯」は「非親族を含む世帯」に区分変更された。

出所：総務省「国勢調査」

(3) 家族の協力について

多様な家族を前提にした上で本内容の授業においては，自分の成長を支えてくれている人の存在に気付くことを重視し，日々の生活である衣食住の営みに関心をもち，家族にしてもらっていることや逆に家族にしてあげていること，また自分のために自分で行っていることについて自覚化させるとよいだろう。家族は協力し工夫して家庭生活を営んでいくことを学ぶことにより，現在だけでなくこれからどのような家庭生活を目指していくか，健康・快適・安全などの視点からも課題解決のための取組に繋げていくことができる。

第2節　家庭生活と仕事

1．家庭の仕事と生活時間

（1）家庭生活を支える仕事

かつては家庭での仕事というと，家業や子守などの家族の世話や衣食住に関わる家事労働を指し，子どもは家業も助ける労働力として，家の仕事の大切な担い手であった。自分の役割を分担し，それらを通して社会のルールや人との関わり方，言葉遣い及び態度等を身に付け，協働することの意義を学んでいた。学校で学ぶ事柄に加え，生きていくための知恵や技術・技能を学ぶことができ，生きる力を身に付けていた。ところが産業構造が大きく変化し，現在は雇用労働者が増えたため，家業を助ける機会がなくなり，家の仕事というとそのほとんどは家族が健康で快適で安全な家庭生活を送ることができるための仕事，すなわち家事労働のみになっている。さらに家事労働もサービス産業や家電製品などの進展により，時間もエネルギーも省力化されている。AIの活用など高度情報化時代となり便利で豊かさを実感できる反面，家庭での仕事を体験できる機会は奪われているのかもしれない。

公益財団法人日本学校保健会が実施した調査（表6–3）によると，小学生は中・高校生よりも食事の用意や片付けを行っており，その割合は半数を超えていた。しかしその他の項目は1/4かそれ以下になっている。手伝いをする時間がないのか，する必要がないのか，要因は明確でないが体験からの学びは貴重である。その機会を作るために，表6–4のような家庭での仕事調べを課題学習として設定し，どんな仕事があるのか誰が主にやっているのか，その人と比べ自分はどうかなど自分の家庭について見つめてみる機会を作ってはどうだろうか。具体的にどのような仕事があるのか，児童のプライバシーに配慮しながら，児童自身が身近な家庭での仕事に気付けるようにするとよいだろう。

あるいはこのような課題が実施できない場合，例えば「もしも誰も何も家庭での仕事をしなかったらどうなるか」と考えるところからはじめてみよう。食事のことや汚れた服のことなど，大変な状況になることが想像できる。家庭生活を支える仕事を意識することで，家庭での生活はそれら日々の仕事の繰り返しや積み重ねで運営できていることや，その仕事を主に担当している人は誰で

表6-3　小・中・高校生の家の手伝いをしている割合（平成28年度）

（%）

区　分	男　子						女　子					
	全体（9,253人）	小学校1・2年生	小学校3・4年生	小学校5・6年生	中学生	高校生	全体（9,708人）	小学校1・2年生	小学校3・4年生	小学校5・6年生	中学生	高校生
食事の用意やかたづけ	62.7	68.7	69.7	66.7	59.1	49.8	71.5	75.1	72.6	71.6	71.4	67.8
そうじ	33.8	25.6	27.9	29.3	43.2	38.3	36.3	32.3	31.6	32.1	41.7	39.8
衣類などの整理整頓	24.5	21.6	23.4	21.3	27.9	27.0	41.0	34.9	36.8	41.7	44.4	44.5
お使い	13.5	7.9	14.2	17.3	14.6	12.5	12.2	8.8	14.7	13.9	11.3	12.9
家の職業の手伝い	5.1	2.0	2.4	4.3	8.8	6.2	5.1	2.9	3.4	2.9	8.4	5.8
家族の世話	13.1	18.0	16.9	14.3	10.0	7.0	16.8	22.7	21.4	19.0	15.3	8.8
動物の世話	19.6	13.5	17.1	18.5	24.1	22.8	24.3	15.8	21.2	26.0	28.8	26.8
植物の世話	3.7	3.5	3.3	3.6	5.1	2.4	4.1	6.2	4.2	3.4	4.9	1.8
その他	13.6	9.4	11.6	11.1	19.8	12.3	10.3	6.9	8.4	9.1	15.7	9.0
無効回答	10.5	11.2	9.5	10.5	9.2	13.4	6.4	7.6	8.3	7.0	4.4	6.0

資料：公益財団法人日本学校保健会「平成28～29年度児童生徒の健康状態サーベイランス事業報告書」2018

出所：母子愛育会愛育研究所編『日本子ども資料年鑑』KTC中央出版，2019年

表6-4　わたしの家の仕事と担当者調べ（例）

◎……主にする　○……時々する

仕事内容＼家族の担当者	自分	姉	父	母
食事作り		○	○	◎
食器洗い	○	◎	○	
部屋の掃除	○	○	○	◎
お風呂掃除		◎	○	
食料品買い物	○	○	○	◎
洗濯	○	○		◎
ごみ出し	○	○	◎	○
洗濯物たたみ	○			◎
電球交換			◎	○

あるかというところにも気付かせたい。家族みんなで分担しているのか，特定の人が主に担当しているのか，特定の人が負担に感じながらやっていないかど

うかなど家庭生活を支える仕事への関心を深めたいところである。

(2) 生活時間

生活時間とは，1日24時間を何にどれくらい過ごしているかを示すものであり，生き方やライフスタイルを反映するともいえる。1995年の第4回国連世界女性会議（北京）における行動綱領で，生活時間統計の重要性が指摘されるなど，国際的に生活時間調査への注目が広がっている。日本での大規模な生活時間統計として，総務省統計局による世帯単位の「社会生活基本調査」とNHK放送文化研究所による個人単位の「国民生活時間調査」がある。両者とも5年ごと

表6-5　生活時間と行動分類

大分類	生活行動例
必需行動	睡眠 食事 身の回りの用事，療養・静養
拘束行動	仕事関連（仕事，仕事の付き合い） 学業 ├授業・学内の活動 └学校外での学習 家事（炊事・掃除・洗濯，買い物，子どもの世話，家庭雑事） 通勤，通学，社会参加
自由行動	会話・交際 レジャー活動 ├スポーツ，行楽・散策，趣味娯楽（インターネット以外） └趣味娯楽（インターネット） マスメディア接触 ├テレビ，ビデオ・DVD・HDD ├新聞，雑誌・漫画・本 └CD・テープ 休息
その他	その他・不明

NHK放送文化研究所「NHK国民生活時間調査」2015年を参考に作成

に調査され公表されている。表6–5のように時間は様々なことに使われている。睡眠や食事など個体を維持向上させるために誰にでも必要な必需行動は生理的生活時間であり，仕事や家事，学業通学時間など家庭や社会生活を送るために必要な拘束行動は，社会的生活時間と言える。そして趣味や遊びなど個人で自由に使うことのできる自由行動は，自由時間として大切である。ワーク・ライフ・バランス（仕事と生活の調和）は，しなければならない仕事時間と自由にリラックスして過ごすことのできる時間とのバランスにも繫がる課題と言えるだろう。

小学校の学習では，個人が自由に使う時間とともに，例えば食事や団らんなど家族と一緒に過ごす時間や手伝いなど家族に協力する時間がどれくらいあるのかないのか，あるいは生活時間の有効な使い方について，どのように工夫したらよいのかなど，数値として捉え気付くことができるようにするとよいだろう。家庭の仕事の学習に関連させると，自分と家族の生活時間の使い方を見直す機会になる。

しかし，プライバシーに関わって指導が困難な時は，児童がよく知っている第三者のデータ，例えばアニメのキャラクターを用いて客観的に考えさせる方法もある。その一例を図6–2に示す（知らない児童がいた場合には，簡単に登

時間	午前6〜11		午後3〜0
のびた	すいみん → 身じたく → 登校	学校の授業	帰宅 → ドラえもんと遊ぶ → 夕食 → 家庭で団らん → マンガ → 入浴 → すいみん
ジャイアン	すいみん → 身じたく → 朝食 → 登校	学校の授業	帰宅 → 野球 → 家の手伝い → 夕食 → 入浴 → すいみん
できすぎ	すいみん → 身じたく → 朝食 → 後片付け → 犬のせわ → 登校	学校の授業	帰宅 → 宿題と塾の予習 → 塾 → 夕食 → 入浴 → 読書 → すいみん

図6–2　生活時間の比較

場人物などを紹介しておくとよいだろう)。漫画・アニメ「ドラえもん」に登場する3人のキャラクターの生活時間を，帯グラフにして比較しやすいように示している。遊ぶことが大好きで手伝いや勉強をあまりしないタイプもあれば，外で遊ぶが家の手伝いもやっているタイプ，塾などにも行き勉強が忙しいタイプなどである。食事の時間や睡眠時間の取り方など，肯定や否定をするのではなく，それぞれどのように工夫しているのか，あるいはもっと工夫できるところがあるだろうか，もしも自分だったらどのように過ごすか，あるいは家族と関わるかなど，グループ活動で対話を深める材料としても活用できる。

2. 家庭の仕事の計画と工夫

家庭にはどのような仕事があり，誰が主に担っているのかが理解できたならば,「衣食住の生活」の学びで習得した知識と技能を生かし，家族の健康･快適･安全などの視点から，家族と協力して家庭で実践する機会を設けよう。そのためには児童が主体的に取り組めるような手立てが必要である。教師の指示で否応なくやるのではなく，学んだことを生かし実践し報告するという流れを大事にしたい。

はじめに，家庭の仕事でもっと改善できることはないか，今困っていることや問題だと思えることはないかなど，まずは課題を設定させる。その課題解決のための方法として，これまで学んできた衣食住に関する知識と技能を駆使したり，新たに調べたり，家族に教えてもらいながら計画を立てることから始めよう。実践させたならば，報告会として実践結果を発表する機会をつくろう。伝え合いや交流が児童間の対話を深め，新たに実践の評価・改善につながっていく。自分の取組が他者への刺激や，励みになったりもする。

第3節　家族や地域の人々との関わり

1. 家族とのふれあいや団らん

(1) 児童をめぐる社会的課題

児童をめぐる社会的課題として前記のとおり虐待については平成時代を通じ大幅に増加した（図6-3)。当事者だけでなく地域住民からの通告も含まれているため，データ数として多くなっている。少子化が進む中，深刻な問題と言えよう。

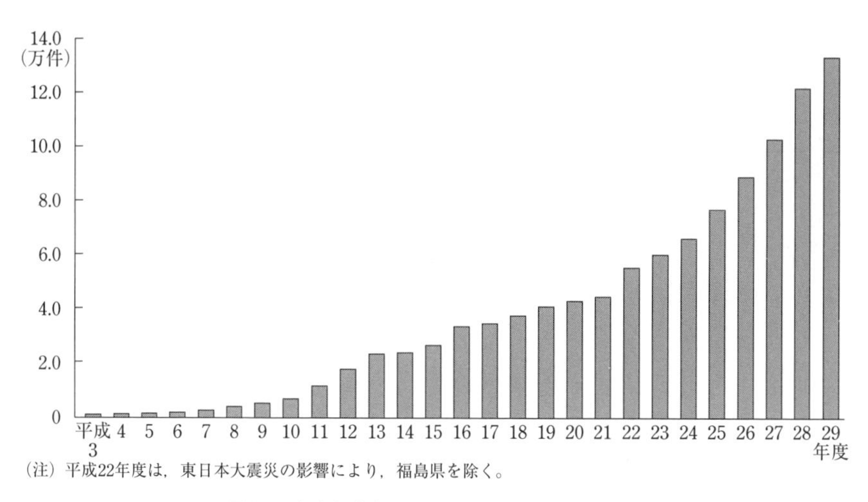

図6-3　児童相談所における虐待相談対応件数の推移

出所：母子愛育会愛育研究所編『日本子ども資料年鑑』KTC中央出版，2019年

また2012（平成24）年には子どもの貧困率が，統計開始以来はじめて相対的貧困率を上回り，社会問題として注目を浴びた。厚生労働省によると，母子世帯の増加と母親が非正規雇用であることも影響していると捉えている。この問題への対策の一つとして，地域で子ども食堂が増加しつつある。忙しい親に代わって，手作りの食事の提供とコミュニケーションの支援をしている。

一方東京都教育庁が実施した児童生徒とその保護者への調査からは，インターネット利用状況に関する課題が見えてくる。小学生でも半数以上がSNSを毎日使用しており，保護者よりも多いことが分かる。中には6時間を超える使用もあり，学校段階が上がるにつれ使用時間が長くなり使用者も多くなっている。便利なツールであるが，情報リテラシーの確認と依存症にならない手立てが必要であろう。

(2) 家族との関わりの工夫

家庭の事情により，家族が揃って食事をしたり団らんを過ごすことが困難な児童もいる。例えば，国立社会保障・人口問題研究所の調査からは，世帯主の帰宅時間が遅く，家族との十分な時間が取れていない状況が分かる。子どもの有無にかかわらず，帰宅時刻が21時から1時の場合は，最もその割合が高くなっていた。就業時間や働き方が影響していると思われる。家族が揃って食事をしたり楽しい団らんを過ごすことを目指していても，現実問題としてそれができない状況を受けとめる必要がある。児童自身が家族とのふれあいや和やかな団らんを願っていても，それが叶わない場合の児童への支援が必要である。

例えば自分の思いが家族にうまく伝わらなかった時は，もしも自分が逆の立場だったらどうかと考えてみることや，別の方法はないかと新たな考えのヒントを提示するなどの手立てが求められる。さらに今ある家族での実現が非常に困難であっても，将来自分で作っていく家族・家庭に思いを繋げて，家族との団らんやふれあいの大切さを理解し，実践していくこともできるなど柔軟な指導で臨んでほしい。児童の家庭状況に十分配慮した指導を心がけたい。

2. 地域の人々との関わり

児童を取り巻く環境には家族だけでなく地域の人々もいる。特に小学生は例外はあるものの，地域の小学校に登校班で通学し，生活科や社会科の学習でも地域に出かけていく機会が多い。ここでは家庭生活が地域の人々と関わりをもちながら成り立っていることが分かり，異文化や異年齢の人々とともに暮らしていることが理解できるようにするとよいだろう。また地域の人々と生活をよりよくするためにどのように関わったらよいのか，考え工夫し実践できることを目指したい。

なかにはすすんで挨拶ができない子や会話が苦手な児童もいる。地域によっては少子高齢化が進み，地域活動や行事が縮小されている状況も聞く。しかし自然災害などが発生した場合の避難所やそこでの生活は，地域の共助・協力なくしては成り立たない。コミュニティーの充実が求められるところである。幼児又は低学年の児童や高齢者との交流にも心がけることは，異なる世代の人々との関わりをもつことになり，信頼を深め，親しみや愛着をもたらす意味で重要になる。

第4節　家族・家庭生活についての課題と実践

家庭科の学びの集大成に向け，衣食住の生活に関する知識と技能及び消費生活・環境に関する知識と技能など，それぞれで学習した内容との関連を図り，児童各自の家族・家庭生活を対象にしたホームプロジェクトを実施するものである。すなわち各自の家庭での課題を設定し，課題解決の方法を考え，計画を立てて実践する。実践した結果を評価・改善し，考えたことを表現するなどの学習を通して課題解決力を身に付けようとするものである。実施後に，取組の成果を報告・発表することで，より一層充実したものになる。第2節2に記した取組を，もっと大々的に2学年間で1つまたは2つの課題を設定し，学校や地域の行事などと関連付けて実施したり，夏休みなどの長期休業を利用して実施したりするなども考えられる。

本課題は，自分の身近な家族・家庭を対象に実践を含めた自由研究のように取り組むため，各家庭や児童のプライバシーへの配慮が重要である。家庭や地域での実践が難しい場合には，無理強いをせず学校での実践活動で補うなど柔軟な対応が必要である。何よりも児童が安心して学習に取り組み，そこから自分の家庭生活を見つめることができるよう，支援するとよいだろう。

第5節　指導における留意点

家族・家庭生活領域の内容は実践に繋げようとするとプライバシーに関わる部分が多いため，児童一人一人の抱える家庭生活や家族に対し，十分配慮した上で指導していく必要がある。あらかじめ，触れてほしくないことや他者に対しオープンにしてほしくないことについては，把握しておくとよいだろう。また家庭に向けては，必要に応じ学習のねらいや協力依頼など伝えておくことも大事である。児童の学習への取組に家族からコメントがもらえると嬉しいものである。

また家族・家庭生活の学習は，衣食住の生活に関する学習と異なり，実習等の体験学習が困難である。教師の話を聞くだけという受け身の学習にならないための教材研究が求められる。DVDや絵本及びアニメなどの活用，さらにロールプレイング（劇化法）など対話を通しみんなで考え工夫し取り組む学習も有効である。答えが一つとは限らないこのような学習を通し，人との関わりについても学ぶことができる。

家庭や地域の人々と協力し，健康・快適・安全で持続可能な社会の構築などを視点として考え，解決に向けての工夫が大切であることに気付けるよう児童一人一人への指導に臨む必要がある。

課　題

1. 家族・家庭生活の指導における配慮点は何か，またなぜそれが必要なのかについてまとめよう。
2. 生活時間の学習から具体的に気付くことができる事柄は何か。またそこからどのような学習に繋げていくことができるか述べよう。
3. 「家族・家庭生活についての課題と実践」ではどのような点に留意し，指導したらよいか。具体的な課題例についても考えてみよう。

参考文献

一般社団法人日本家政学会編『家政学からの提言　震災にそなえて』日本家政学会，2012年
下野新聞子どもの希望取材班『貧困の中の子ども』ポプラ新書，2015年
鶴田敦子・朴木佳緒留編『現代家族学習論』朝倉書店，1996年

第7章 食生活

　これまで独立していた食生活の学習内容が，2017（平成29）年告示の学習指導要領では「B衣食住の生活」としてまとめられた。健康・安全・快適な生活を目指す上でこれらは重要である。心身共に発達する大切な時期の小学生にとって，健康な体作りとよりよい食習慣につながる本内容の学習は，食育の推進とともに大切な役割を担っている。本章では食事の役割を確認した上で，食生活に関わる調理や栄養を中心に基礎・基本の知識と技能について概説していく。

キーワード　食事の役割　調理　五大栄養素　栄養バランス　献立

第1節　食事の役割

1．食事の大切さ

　私たちはなぜ食べるのだろう。食欲旺盛な育ち盛りの児童たちからは，「お腹が空くから」という率直な答えが返ってくるだろう。確かに食べることは空腹を満たす生理的欲求に基づいている。生命の維持，成長や発達，健康を保ち活動できるために食事は大切である。しかしそれだけではない。誰かと一緒に食事をすることで，人との関わりをよりよくし，和やかな気持ちになるなど，社会性や心理面にも影響を与えている。また食事には，例えば年中行事や慶事に伴う行事食や伝統食，あるいは地域の特色や特産品などと結びついた郷土料理など，食文化につながる様々な食事がある。

　一方現代は飽食の時代と言われ，季節を問わず国内外から様々な食べ物が入手でき，お金さえ出せばいつでも食欲を満たすことが可能になった。しかし，食べたいものを食べたい時に食べたいだけ勝手に食べるとよいのだろうか。確かに心理面では満足かもしれないが，間食で空腹を満たしてしまうことで，肝心の食事が十分とれないケースや，一人で食事をする子ども，しっかり噛めない子ども，偏食の多い子どもなど，食生活をめぐって様々な課題が表出している。図7-1は公益財団法人日本学校保健会が実施した調査であるが，朝食欠食状況の理由として，食べる時間がないことや食欲がないことが9割近くを占めている。食事の役割を知り，日常の食事の大切さについて理解でき，食生活を主体的に実践できる力を育んでいく必要がある。

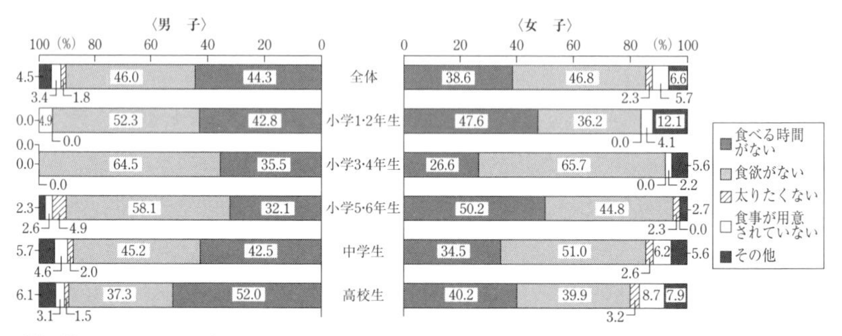

（注）「食べない日の方が多い」または「ほとんど食べない」または「毎日食べない」と答えた男子543人，女子533人の回答より。

図7-1　小・中・高校生の朝食をとらない理由（平成28年度）

資料：公益財団法人日本学校保健会「平成28～29年度児童生徒の健康状態サーベイランス事業報告書」2018

出所：母子愛育会愛育研究所編『日本子ども資料年鑑』KTC中央出版，2019年

2．日常の食事

人間の身体に備わっている生体リズムに合わせると，朝・昼・夕の3回の食事は健康にもよく，必要な栄養素の摂取にも適していると考えられている。規則的に食事をとることで，栄養素の代謝が円滑に進むからである。特に血糖値が下がっている朝は，脳へのエネルギー補給が必要である。朝食をとることで脳が活性化され，体温も上昇し，消化器官などへの刺激も活発になり排便が促される。1日のリズムが整えられる基盤ができるため，朝食は特に大切であるといわれている。2005（平成17）年施行の「食育基本法」をうけ2006（平成18）年4月に発足した「早寝・早起き・朝ごはん」全国協議会は，文部科学省

が推進し，全国のPTA，子ども会，青少年団体，スポーツ団体，文化関係団体，経済界など幅広い団体・関係者が参加し，調査研究やイベントなど普及啓発を目指した様々な取組が行われている。

3. 楽しく食事するための工夫

食事の役割や大切さと併せ，食事の仕方に関する基礎・基本の知識についてもふれておきたい。特に他者と一緒に食事をする時は，食べる速さに配慮したり，会話なども食事にふさわしい会話を考えるなど，心がけたいところが色々ある。共に食事する相手に不快な思いをさせないための工夫として，例えば図7-2のような，箸の持ち方・使い方についても身に付けたいところである。日本の食文化を考えると，箸の正しい取り方や持ち方，使い方を身に付けることは大事である。

箸の正しい取り方・持ち方

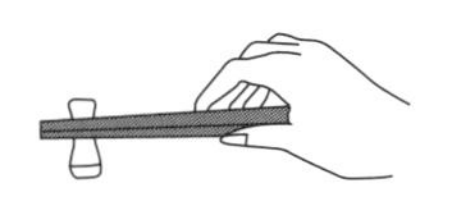

1. 箸の中ほどを，上から右手で取る。

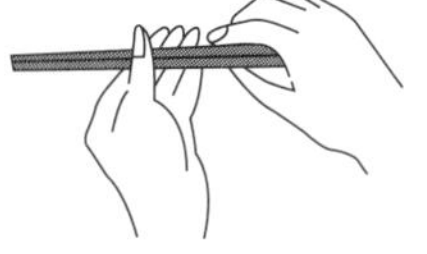

2. 左手を下から添える。

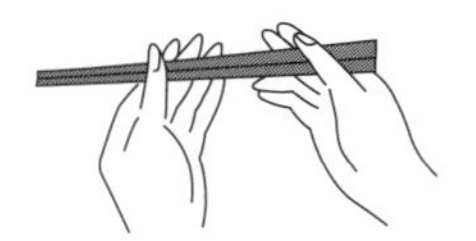

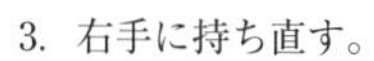

3. 右手に持ち直す。

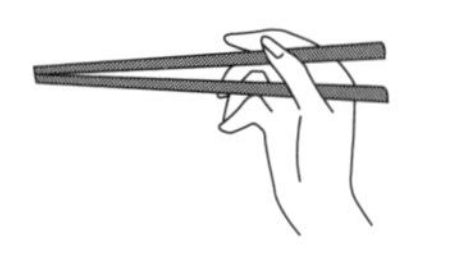

4. 親指のつけねと薬指で下の箸をはさみ，上の箸はひとさし指と中指ではさむ。

嫌い箸（箸づかいのマナー違反）

日本人の食事作法は「箸にはじまり，箸に終わる」といわれる。正しい箸づかいはマナーの基本であり，同席の人に不愉快な思いをさせる嫌い箸は，してはいけないことである。

嫌い箸には，次のようなものがある。

刺し箸―――食べ物を突き刺す。
そら箸―――いったん箸をつけたのに，食べずに箸をひく。
なみだ箸――汁をたらしながら食べ物を口に運ぶ。
ねぶり箸――箸をなめる。
迷い箸―――何を食べようかと迷って，箸をあちこち動かす。
寄せ箸―――箸で器を引き寄せる。
渡し箸―――器の上に箸を渡して置く。

図7-2　箸の正しい取り方・持ち方と嫌い箸
出所：646食品成分表編集委員会編著『646　食品成分表』東京法令出版，2014年

また楽しく食事をするためには，マナーだけでなく食卓をどのように整えたらよいのか，工夫できることについても検討するとよいだろう。BGMやテー

ブルコーディネートなども食事を楽しくする効果がある。コミュニケーションの場でもある食事の時は，特に雰囲気作りも工夫するとよいだろう。

一方食事に対する感謝も忘れないようにしたい。「いただきます」の挨拶には，命をいただき次に繋げることへの感謝や，作ってくれた人への感謝など様々含まれている。供されたものを，残さず食べることにも触れるようにしたい。本学習内容については，学校給食や調理実習等を通じて具体的に取り組み，課題解決学習に結びつけるとよいだろう。さらに家族との食事や団らんなどとも関連させることで，実践力につなげていくことが大切である。調理の学習と併せ，食事についての学習を充実したものにするとよいだろう。

なお，食物アレルギーの児童への配慮や，児童の家庭での食事の様子を取り上げる時は，プライバシーへの配慮を忘れないようにする。

第2節　調理の基礎

1．調理計画

調理実習は児童たちが一番楽しみにしている授業ともいえるが，家庭での調理経験は一様ではない。なかには初めて包丁を使う児童もいれば，ガスコンロの扱いに不慣れな児童などもいるだろう。包丁や火を使い，口に入れるものをみんなで作るという，安全・安心が求められる学習であるので，十分な配慮が必要である。

ここでのねらいは，ゆでたり炒めたりする加熱調理や，米飯及びみそ汁の調理について，課題をもって調理に関する基礎的・基本的な知識及び技能を身に付け，おいしく食べるために調理計画を考え，調理の仕方を工夫することができるようにすることである。段取りよくできるようになるためにも，調理に必要な材料の分量や扱い方が分かり，どのような手順で行えばよいかなど，調理を始める前の計画の重要さについて理解できるようにすることが大切である。

2．用具や器具などの取扱い

学習指導要領には「調理に必要な用具や食器の安全で衛生的な取扱い及び加熱用調理器具の安全な取扱いについて理解し，適切に使用できること」と明記されている。特に包丁の安全な取扱いと食器やまな板，ふきんの衛生的な取扱い，及び加熱用調理器具の安全な取扱いなどは，調理室を使う最初の授業時に指導を徹底し，怪我や事故が発生しないための学習をしておくことが大切である。

(1) 包丁について

食品を切ったり皮をむいたりする時に必要な道具は包丁である。安全面や迅速さを考えると，ピーラー（皮むき器）があると便利であるが，家庭科の体験学習では，包丁の安全な使い方を知って様々な切り方ができることを，実感しつつ習得させることが大切である。危険と思われている刃物も，正しく安全に使うことで，様々な切り方ができることをマスターさせたい。図7-3に包丁の持ち方と材料の押さえ方，包丁の取扱い方を紹介する。

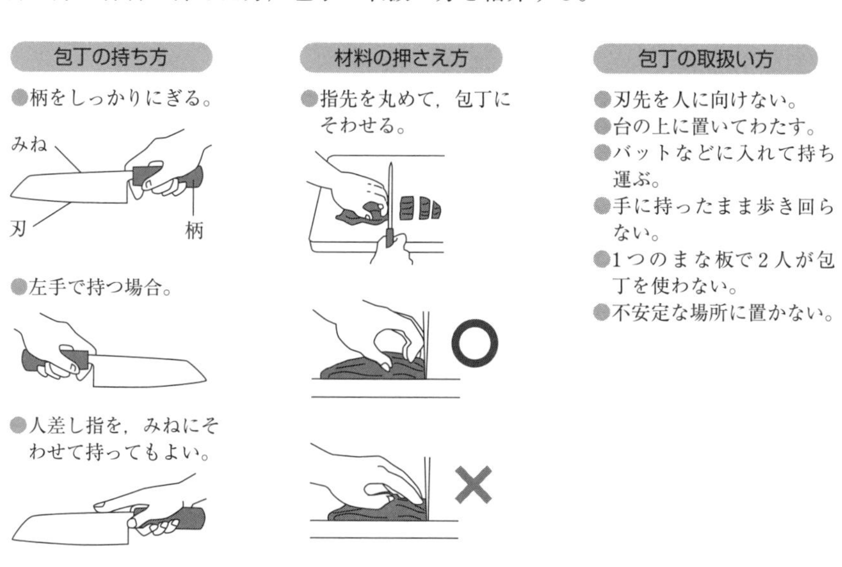

図7-3　包丁の持ち方，材料の押さえ方，包丁の取扱い方
出所：内野紀子他編著『わたしたちの家庭科5・6』開隆堂，2015（平成27）年より作成

(2) まな板について

まな板はあらかじめ濡らしてから使うことで，食品の色の移りや匂いがつきにくくなるといわれている。必ず水で濡らし，さっとふきんで拭いてから使用する。また使用後はその都度汚れを洗い流すようにし，衛生面を考慮して，熱

湯消毒や日光消毒などを行っておくとよい。小学校の実習では生の魚や肉は扱わないことになっているが，食中毒への予防としてまな板の面を「野菜や果物用」と「それ以外」で，使い分けるとよいだろう。

(3) ふきんについて

学校で準備しておく場合や，児童に持参させる場合など色々あるが，使用の際には食品や食器を拭くふきんと，調理台などを拭く台ふきんとで区別することを徹底し，衛生的な取扱いをするよう指導する。

(4) 加熱用調理器具について

加熱用調理器具には，ガスこんろやIHクッキングヒーターなどがあるが，加熱の仕方と関連させた火力及びその調節について理解し，火傷の防止を含めた安全な取扱いができるようにするとよい。

ガスこんろを使用している学校の場合，特に換気には注意し，ガスの元栓や着火・消火の作動方法，火力調節などは実際にやって見せながら指導するとよいだろう。ガス臭いと気付いた時は，図7-4のように，すぐに元栓を閉めるとともに，窓や扉を開放し，電気のスイッチやコンセントには手を触れないことも覚えておきたい。天然ガスの場合には，ガスはだんだん上にたまり，プロパンガスの場合には下にたまっていくことを考え，冷静な行動をとり，児童を安全な状態に誘導することが大切である。ガスのゴム管が劣化し，そこからガス

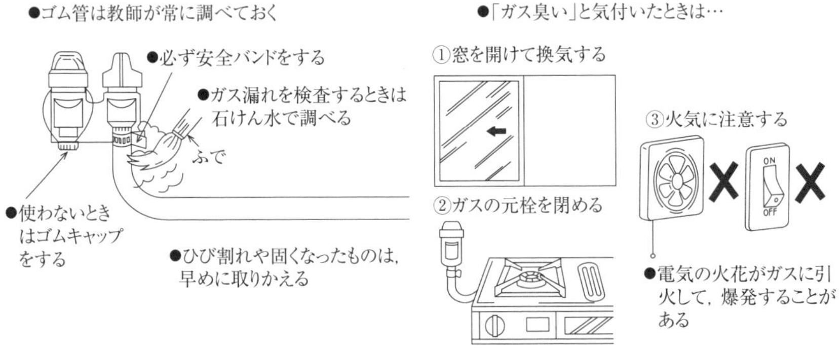

図7-4　燃料用ガスの安全
出所：『新訂　新しい家庭　5　教師用指導書』東京書籍より作成

が漏れて発火することもある。調理実習の前には，道具・器具類の状態を確認しておこう。

一方IHクッキングヒーターは炎は出ていなくても，火傷への危険はガスこんろと同様である。トッププレートに鍋やフライパンなどの用具以外のものを置いていないか，使用後に電源を切っているかなどを確認できるようにする。さらにIHクッキングヒーターでは，使える鍋などの形状や材質がガスこんろの場合と異なることにも触れるようにする。

3. 調理に必要な技能

学習指導要領には調理に必要な材料の分量，材料に応じた洗い方，調理に適した切り方，味の付け方，盛り付け，配膳及び後片付けなどについて理解し，適切にできることが明記されている。それぞれの指導項目について確認しておくことが大切である。

(1) 計量について

計量器具には上皿自動はかり（アナログやデジタル式），計量カップ（通常200ml用），計量スプーン（15ml用の大さじ，5ml用の小さじ）などがある。上皿自動はかりを使用する時は平らなところに置き，指針が0を指しているかどうかを確認してから始める。容器に入れて量る時は，容器を置いた状態で指針を0にしてから量るものを静かに入れるとよい。はかりは大きなものや重量があるものを量る時は便利だが，少量のものは計量カップや計量スプーンが便利である。液体だけでなく，粉類や粒状のものでも計量することができる。カップの場合は，容器を傾けたままメモリを斜めから読まないようにする。特に粉類を量る場合，かたまりなどがあると正確に計量できないため，よくほぐし，かたまりをなくしてから量るとよい。計量スプーンの場合は，多めにすくってから平らにすり切って量る。押し付けて山盛りのままにしないようにする。

カップやスプーンなど計量器具の数値は，あくまでも容量を示しているため，表7-1のように容量と重量が必ずしも一致していない食品がある。よく用いる調味料などについては，間違えないようにしたい。家庭では特に計量器具を用いて量ったりせず，目分量で調理をしていることも多いだろう。しかし調理科学につなげ，学習を深めていくためには，計量器具を使って正しく量ることから始めることが大切である。

表7-1　計量カップ・計量スプーン1杯の食品の重量（単位g）

食品＼計量器(容積)	小さじ（5ml）	大さじ（15ml）	カップ（200ml）
水・酢・酒	5	15	200
しょうゆ	6	18	230
みりん	6	18	230
みそ	6	18	230
砂糖 上白糖	3	9	130
砂糖 グラニュー糖	4	12	180
塩 並塩（天然塩）	5	15	180
塩 食塩	6	18	240
油・バター/ラード	4	12	180/170
小麦粉（薄力粉・強力粉）	3	9	110
胚芽精米・精白米	−	−	170
無洗米	−	−	180

出所：『七訂　食品成分表　2019』女子栄養大学出版部より作成

(2) 洗い方について

食品や調理法に応じた洗い方ができるようにする。特に野菜などを用いる時は，泥や虫などが付着していることがあるため，これらを除くために行う。例えば小松菜やほうれん草のような青菜は，根や柄の付け根，葉のひだの部分に泥が付いている場合があるため，水中で振り洗いをした後流水で洗うようにするとよい。じゃがいもなどは凸凹部分に泥がこびりついていることが多いので，たわしなどを活用してこすり落としてから使う。なお生で食べるものについては，特に衛生面に留意し，よく洗ってから使用する。ただし食品の中には水溶性成分があるために，洗っている間に栄養素の一部が失われてしまう場合がある。すばやく洗った方がよいケースもあるので気を付けよう。

(3) 切り方について

包丁を使って食品を切ることは，調理プロセスの中でも緊張を伴うことである。皮むき器を用いることもあるが，なるべく包丁を使い皮をむくことや，調理法や材料の特性を考え，形や大きさや厚さを工夫して切ることが大切である。考えて工夫して切るということは，調理や食べ方を把握していることにつながる。調理での熱の通りを良くしたり，味をしみ込みやすくしたり，食べやすくしたり，見た目を良くしたりなど，色々な目的にあった切り方を考えることが大切である。包丁の操作と食品を押さえる手の動きにも，十分目を配る必要がある。切り方の基本を図7–5に示す。小学校段階では，まず基本的な切り方をしっかりマスターし，はじめはゆっくりと無理のないように取り組み，自信がもてるように指導するとよいだろう。

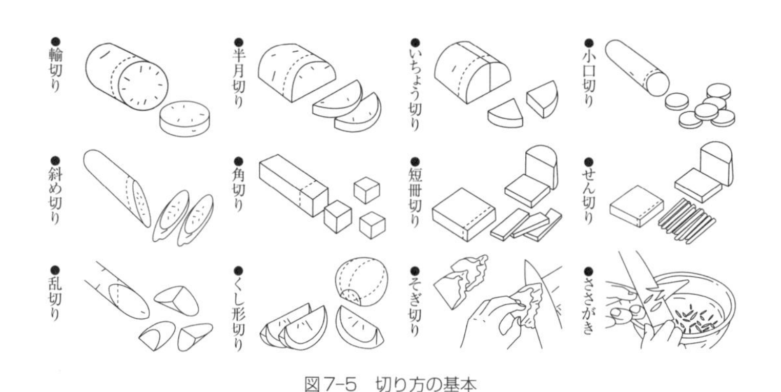

図7–5　切り方の基本

(4) 味の付け方について

味の付け方は調味料を用いて行われる。その基本は「さしすせそ」であり，味付けの順番も示している。この「さしすせそ」は，それぞれ調味料に関係した文字だが，「さ」は砂糖，「し」は塩，「す」は酢，「せ」は醤油，「そ」はみそである。各々の特性で味のしみ込みやすさが異なることと，香りのあるものは後半で用いるとよいからである。特にみそは最後に加えると，香りも生かすことができる。味見をするなどして，味を整えることができるようにする。

味の付け方には食塩や醤油やみそなど塩味をつけるものと，砂糖などの甘みをつけるものがあるが，健康面を考慮し，塩分や糖分の取りすぎにならないよう，味付けは薄味を心がけたい。

(5) 加熱調理について

加熱調理は，生では食べにくい食品を食べやすくしたり，消化吸収しやすくしたり，味を付けやすくすることができる。この方法の一つに「ゆでる」という調理プロセスがある。例えば多めの水を入れた鍋に食品を入れ，硬いものを柔らかくしたりして，食べやすくすることができる。青菜などの野菜ならば，生のものよりもかさが減り，多くの量を効率よくとることができる。

じゃがいものような根菜類は，水から入れてゆでるとよいが，青菜などは沸騰してからさっとゆでた方が鮮やかな色になるなど，目的や食品にあわせたゆで方がある。学習指導要領にはゆでる材料として青菜やじゃがいもなどを扱うことが明記されている。基礎的・基本的な知識と技能の習得において取り扱うようにしよう。

なお，じゃがいもについては，芽の部分や緑化した皮の部分などに，食中毒を起こす成分が含まれているので，しっかり取り除く必要があることにも触れるようにする。

(6) 盛り付け方及び配膳について

調理したものは食器に盛り付けるが，どの器を用いるか，例えば大皿に一つにまとめて盛り付けるか，一人分ずつにするか，あるいは料理が映える器は何がよいか，食べやすい器はどれかなど，考え工夫することは食事を楽しくするための雰囲気作りに繋がる。どのように盛り付けるかは，食べる人や目的に応じて対応することが大切である。なお配膳については，図7-6のような日本型食生活の一汁二菜の配膳例が参考になる。

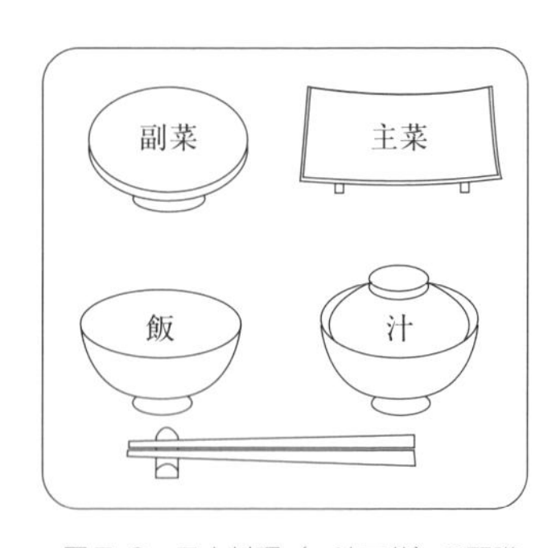

図7-6　日本料理（一汁二菜）の配膳

(7) 後片付けについて

調理実習の学習は，調理法が分かり調理できたものを試食することで終了するのではなく，最後の片付けまでを含んでいる。衛生面や環境面を考えて，適切な片付けができるようにする。特にごみの分別，水や洗剤の適切な使い方，さらに油汚れの処理なども，余り布や古紙などを活用して拭き取り，排水口からそのまま流さないように気を付ける必要がある。食品の食べ残しを減らすことも含め，環境学習への具体的な取組を，この片付けの際にも取り入れるとよいだろう。

加熱調理器具の周りには油が飛び散っていることがある。それらをきれいに拭き取ることを徹底したい。また調理台，流し（シンク）などは汚れを落とした上で，最後は乾いた台ふきんなどを用いて，水気を拭き取っておくと悪臭やカビなどを防ぐことができる。特に学校での調理実習の場合は，複数のクラスで実習室を使うことになる。お互いに気持ちよく使用できるよう，きれいに片付けることや使った道具や食器などは，元の場所に戻しておくなど，収納や保管に関する学習も大切である。

4. 米飯とみそ汁の調理

学習指導要領には「伝統的な日常食である米飯及びみそ汁の調理の仕方を理解し，適切にできること」と具体的に調理実習課題について示されている。稲作中心の農耕民族だった日本人にとって，米は主食として欠かせないものであり，現在でも我が国の主要な農産物（穀類）となっている。食文化という点でも，日本人の食生活から切り離すことができない食品である米について，実践に繋がる調理法を学ぶことは意義深いといえる。一方，ご飯との取り合わせとしても，食文化の面でも，よく登場するのがみそ汁である。大豆の加工品であるみそを使ったみそ汁は，季節や地域に合わせた実を工夫することで，バラエティーに富むだけでなく，大豆の栄養素が米の不足しがちな栄養素を補い，バランスのとれた食事を整えることができる。児童の実態や，児童を取り巻く環境を考慮して，調理実習の教材も平易なものから段階的に高めていくとよいが，1食分の献立調理の際には，主食である米飯と副食の一つである汁物のみそ汁を取り入れ，一汁二菜の調理ができる段階まで目指すとよいだろう。

(1) 米について

米は図7-7のような構造で，ジャポニカ米（短粒種，円粒種，日本型），インディカ米（長粒種，インド型），ジャパニカ米（中粒種，半長粒種，ジャワ型）の大きく3つに分けられ，さらにうるち米ともち米とがある。日本人が米飯として食べているのは，ジャポニカ種のうるち米である。また一般に多く出回っているのは，ぬか層や胚芽を除去した，精白米といわれているものである。胚芽やぬか層には，食物繊維やビタミンB_1やB_2が多く含まれているが，精白米の場合はそれらが取り除かれてしまうため，他の食品で補う必要がある。

米飯では米の洗い方，水加減，浸水時間，加熱の仕方，消火後のむらし方などを確認し，釜や厚手の鍋（文化鍋と言われているものや，できれば耐熱ガラス鍋）を用いて，硬い米が柔らかい飯に変化していく「糊化」の過程を実感させたい。現代は自動炊飯器が一般的であるが，米が飯に変化していく基本的条件を理解させ，炊飯についての知識と技能が身に付くようにすることで，災害時などのライフラインが止まってしまった際にも，生きる力の一つである食の自立に繋がるだろう。

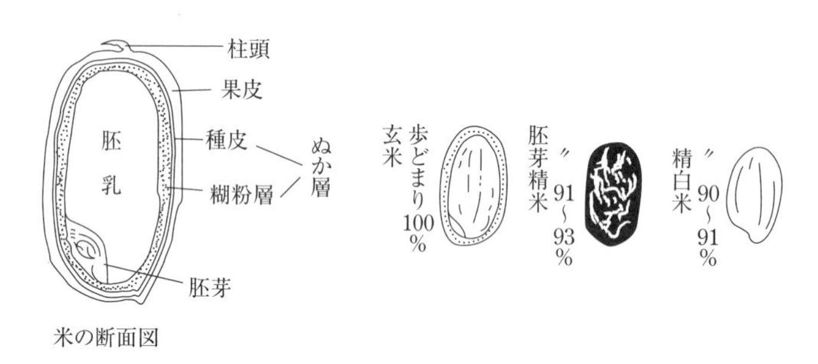

図7-7　米の断面図と歩どまり
出所：『教科教育法　家庭』玉川大学，1993年，p.130より作成

(2) みそについて

みその主材料は「畑の肉」とも言われている大豆と米あるいは麦，そして塩と水である。さらに副材料として種麹は不可欠で，調味料や酒精なども使われることがある。これらから作る日本の伝統的な調味料であり発酵食品でもあるみそは，発酵に必要な麹の原料により，米みそ，麦みそ，豆みそに大きく分けることができる。それぞれの地域で特徴のあるみそが生産されている。

また熟成期間の違いから，色相が異なるものとして，白みそや淡色みそ，赤みそなどがある。さらに食塩量により，甘みそ，辛みそ，塩分控えめみそなどもある。みそには米のたんぱく質の中で不足している必須アミノ酸の「リシン」が多いため，ご飯との組み合わせは，栄養の面でも相性がよい。みそ汁に用いる時は，みその風味を生かすためにも，みそを加えてからは煮つめることなく加熱時間はできるだけ少なくしよう。

(3) みそ汁の調理の仕方について

汁物を作る時には，はじめにだしをとる。和食のだしのとり方には，かつお節と昆布でとる一番だし，一番だしのだしがらに半量の水を入れてとる二番だし，また煮干しを用いてとる煮干しだしなどがある。かつお節のみや昆布のみでだし汁を作ることもあるが，うまみ成分である昆布のグルタミン酸とかつお節のイノシン酸が混ざることで，うまみの相乗効果が表れ，澄まし汁や茶わん蒸しなどには，よりおいしいだし汁の，一番だしを用いることが多い。みそ汁の場合も，一番だしで作ることもあるが，ここでは手軽に扱えて，カルシウムの摂取にもなる，煮干しを用いてだしをとる。苦みとくさみを除くため，あらかじめ頭と腹わたを取り除き，水のうちから鍋に入れておく。加熱し沸騰したら数分煮詰めることでおいしいだしがとれる。

一方実の方は，旬の野菜や芋類，大豆の加工品などを，食べやすい大きさや形に切り，火が通りにくいものから入れていくとよいだろう。みそを入れ再び沸騰したらすぐに火を消し，煮詰めないようにする。

2013（平成25）年12月に，和食はユネスコの世界無形文化遺産に登録され，世界中から注目を浴びている。ヘルシーで，伝統的な日常食の一つであるみそ汁作りについて，素材（煮干しなど）からだしをしっかりとることが大事であり，みそ汁にだしを使うことで，風味が増すことに気付かせるとよいだろう。またみそ汁の実は，身近な食品で様々に組み合わせることができる。世界に誇る和食の一つであり，バリエーションが豊富で手軽に作ることができるため，実践力を高めていきたい。

第3節　栄養を考えた食事

1. 栄養素の種類と働き

栄養とは「生物が生命を維持し，成長や健康を図り，生活活動を営むために必要な成分を体外から摂取する営み」のことを言い，その必要な成分を「栄養素」と呼んでいる。栄養素には，生体内での働きの違いにより，主にエネルギー源として熱や力のもとになっているものや，身体組織を作るもとになっているもの，さらに身体の生理的機能の調節をするもとになっているものなどがある。

一般的に炭水化物，たんぱく質，脂質，無機質，ビタミンの5つを指して「五大栄養素」と言っている。ここに栄養素ではないが，栄養素の運搬や老廃物の排出，体温調節など，生命維持活動に不可欠で，人体の50～70％を占めている水を加える考え方もある。また炭水化物，たんぱく質，脂質のエネルギー源となる3つを捉えて，三大栄養素と表現することもある。

小学校での学習では，中学校で扱うことになる日本食品標準成分表や食事摂取基準，食品群別摂取量の目安などの学習につなげるよう配慮することになっている。これらを視野に入れた指導を目指す必要がある。

(1) 炭水化物

炭水化物は，炭素，水素，酸素からなる大切な栄養素である。表7-2のように，体内で消化・吸収されて，1g当たり4kcalのエネルギーを発する糖質と，消化されにくくエネルギー源になりにくい，またはならないといわれる食物繊維とに分類できる。さらにその構造から，最小単位である単糖類（例えばぶどう糖など）と，単糖類が2個結合した二糖類，多数結合した多糖類に分けることができる。またオリゴ糖類は単糖類が3～10個程度結合したもので，それ以上結合したものは多糖類に分類される。

多糖類や二糖類は，アミラーゼ（唾液・すい液）などの糖質分解酵素によって，体内ですべて単糖類に分解される。これらが小腸から体内に吸収され，エネルギー源として利用される。日本人の総摂取エネルギーの，5～6割は糖質から供給されている。特に脳細胞は，糖質からのエネルギーを利用しているため，血糖値を一定に保つには，決まった時間に糖質を含む食事をとり，エネルギー源であるぶどう糖を摂取しなければならない。過剰に摂取した場合は，肝臓でグリコーゲンや脂質に変えられ貯蔵され，必要に応じて利用される。利用されずに残った分は，体脂肪として蓄積され，肥満の原因にもなるため，注意する必要がある。

食物繊維は，腸のぜん動運動を促し，便秘を予防するだけでなく，有害物質などを吸着して体外へ排出したりすることで，大腸がんの予防や，血中コレステロール値の低下などに役立つ重要な働きをしている。

炭水化物を多く含む食品には，米や麦などの穀類や芋類がある。これらは特にでんぷん（多糖類）が豊富で，主食として利用されることが多い。また砂糖も，しょ糖（二糖類）が多いので，エネルギー源になっている。一方食物繊維

表7-2　炭水化物の種類

分類			名称（構成する糖）	多く含む食品
エネルギー源になる	単糖類		ぶどう糖	果実
			果糖	果実・はちみつ
			ガラクトース	
	二糖類		麦芽糖（ぶどう糖＋ぶどう糖）	水あめ・さつまいも
			しょ糖（ぶどう糖＋果糖）	砂糖（さとうきび）
			乳糖（ぶどう糖＋ガラクトース）	母乳・牛乳
	多糖類		でんぷん（ぶどう糖）	米・小麦・いも
			グリコーゲン（ぶどう糖）	貝類・食肉（筋肉，肝臓）
エネルギー源になりにくいまたはならない	オリゴ糖類		フラクトオリゴ糖	野菜・果実・大豆
			マルトオリゴ糖	野菜・果実・大豆
			ダイズオリゴ糖	野菜・果実・大豆
	多糖類（食物繊維）	水溶性	ペクチン	果実
			アルギン酸	海藻
			グルコマンナン	こんにゃく
		不溶性	セルロース	野菜
			キチン・キトサン	かに・えび

は，ごぼうや切り干し大根など，野菜に多く含まれている。

(2) 脂質

脂質は，中性脂肪，リン脂質，コレステロールなどに分類されるが，特に食品に含まれている脂質のほとんどは，中性脂肪である。中性脂肪は，グリセリンと脂肪酸が結合したものであるが，消化酵素のリパーゼにより分解され，小腸から体内に吸収されて，1g当たり9kcalのエネルギーを発する。

脂肪酸は図7-8のように，飽和脂肪酸と不飽和脂肪酸に分けられる。鎖状につながった炭素に，水素がすべて結合し，飽和状態になっているものが飽和脂肪酸だが，炭素と水素が結びつかずに，炭素同士が二重に結合した部分をもっているものがある。これが不飽和脂肪酸で，二重結合が1個のものを一価不飽和脂肪酸，2個以上のものを多価不飽和脂肪酸と呼んでいる。それぞれの働きについては，表7-3に示しておく。

多価不飽和脂肪酸のリノール酸や，α-リノレン酸などは，体内で合成でき

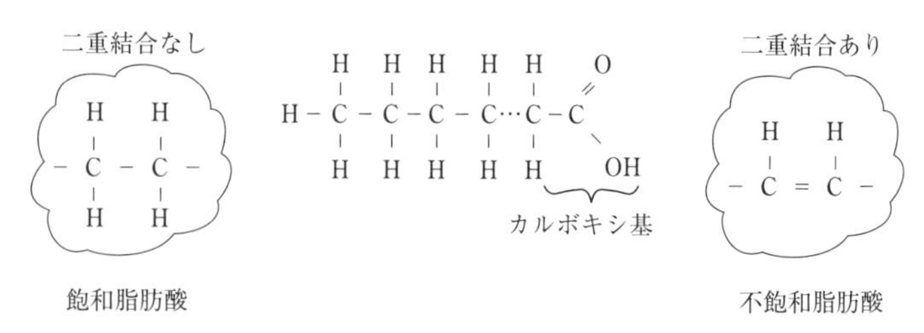

図7-8　脂肪酸の基本構造

表7-3　主な脂肪酸とその働き

脂肪酸	主な働き
飽和脂肪酸： パルミチン酸，ステアリン酸	効率のよいエネルギー源となる
一価不飽和脂肪酸： オレイン酸	生活習慣病や動脈硬化の原因となるLDLコレステロールのみを低下させる
多価不飽和脂肪酸（n-6系脂肪酸）： リノール酸，アラキドン酸	成長や皮膚の状態を正常に維持する
多価不飽和脂肪酸（n-3系脂肪酸）： α-リノレン酸，DHA，IPA（EPA）	脳，神経，網膜の機能を正常に維持する

ないため「必須脂肪酸」と呼ばれ，食品から摂取しなければならない。特に魚油に多く含まれている，ドコサヘキサエン酸（DHA）や，イコサペンタエン酸（IPA）（エイコサペンタエン酸（EPA）ともいう）は，脳や神経細胞の働きを活発にし，動脈硬化や心疾患を予防する働きがあるといわれている。このように動物，植物，魚油に含まれている脂肪酸には，それぞれの働きがあるため，組み合わせてとるとよい。望ましい脂肪酸比率は，飽和脂肪酸：一価不飽和脂肪酸：多価不飽和脂肪酸が3：4：3である。

リン脂質は，細胞膜などを構成する重要な成分である。またコレステロールも，ビタミンD，ホルモン，胆汁酸などを作るため不可欠なものであるが，血液中のコレステロールが過剰になると，高コレステロール血症を招いてしまう。特

表7-4　油脂類の分類と主な食品

分類	形状や脂肪酸の違い	主な食品
油（oil）	・常温で液体 ・不飽和脂肪酸が多い	・植物油 　大豆油，菜種油，オリーブ油，ごま油　等 ・魚油 　鰯油，たら肝油　等
脂（fat）	・常温で固体 ・飽和脂肪酸が多い	・動物脂 　バター，ラード（豚脂），ヘット（牛脂）　等 ・加工脂 　マーガリン，ショートニング　等

に血液中のコレステロールの運び役であるLDL（低密度リポたんぱく質：Low Density Lipoprotein）が増加すると，血管壁などの組織に入り込み血管を細くするため，動脈硬化が進行してしまう。悪玉コレステロールと言われているものであるが，生活習慣病の原因となる，血中のLDLコレステロール値の高い状態が続かないよう，気を付ける必要がある。

脂質を多く含む食品は，動物性の肉類や魚類，植物性の種実類である。食品中の脂質だけを取り出したものが油脂類であるが，表7-4のように分類できる。常温で液体の食用油脂を油（oil）と言い，不飽和脂肪酸が多い。また常温で固体のものは脂（fat）と言い，飽和脂肪酸が多い。さらに，原料は植物性の液体油であるが，これに水素を添加し，二重結合をもつ不飽和脂肪酸を飽和脂肪酸に変えて，脂のようにした加工脂もある。近年この製造工程で，副産物としてトランス脂肪酸が生じることが分かってきた。トランス脂肪酸を含む硬化油を多量に摂取すると，LDLコレステロール（悪玉コレステロール）が増加するため，硬化油を使った食品のとり過ぎに気を付けたい。なお，油脂類は光や温度，酸素などにより化学変化（変敗）を起こし，食用には適さなくなるため，保存に気を付けなければならない。

（3）たんぱく質

たんぱく質はおよそ20種類のアミノ酸が多数結合したもので，アミノ酸のみからなる単純たんぱく質と，アミノ酸以外の成分（例えば糖質や脂質など）も含んだ，複合たんぱく質に分類される。たんぱく質は，ペプシンやトリプシンなどの消化酵素で分解され，最小単位のアミノ酸として小腸から体内に吸収される。吸収されたたんぱく質は，筋肉や臓器，皮膚や血液，髪や爪など体を構成するための成分となるだけでなく，ホルモンや酵素なども作るため，なくてはならない栄養素である。さらに1g当たり4kcalのエネルギーを発し，リポたんぱく質は栄養素の運搬にも関係している。

様々な働きをしているたんぱく質は，摂取量が不足すると，人体を構成するたんぱく質を分解して不足分を補おうとする。その結果，体力や免疫力が低下し，成長障害を起こしてしまうことがあるため，不足しないよう摂取する必要がある。最小単位であるアミノ酸の中には，体内で合成できないために，食品から摂取しなければならない「不可欠アミノ酸（必須アミノ酸）」と言われているものがある。イソロイシン，ロイシン，リシン，メチオニン，フェニルアラニン，トレオニン，トリプトファン，バリン，ヒスチジンの9種類である。食品中のたんぱく質の栄養価は，この不可欠アミノ酸の含有量を基準としたアミノ酸価で示される。通常動物性たんぱく質は，植物性たんぱく質よりもアミノ酸価が高いものが多い。不足分を補うためには，食事全体で補うとよい。

たんぱく質を多く含む食品は，動物性たんぱく質が摂取できる肉類や魚介類，卵などである。一方植物性たんぱく質でも大豆及びその加工品は，たんぱく質が豊富である。畑の肉ともいわれており，日本の食文化の面でも広く活用されている。

(4) 無機質

無機質とは，炭素，水素，酸素，窒素以外の元素を指し，栄養素名としてはミネラルともいうが，小学校では「無機質」で扱っている。表7-5のように，骨や歯や血液の成分として人体の構成に関わるだけでなく，身体の生理的機能の調節なども行っている。

特に日本人に不足しがちなのが，カルシウムと鉄であるが，カルシウムの吸収には，リンとマグネシウムも関わるため，吸収比率のよい食品を摂取すると効果的である。例えば，牛乳にはカルシウムと共にカルシウムの吸収に必要なリンが含まれているが，その比率が1：1で最も吸収率を高める割合になっている。しかし乳糖不耐症と言って，乳糖を分解する酵素をもたないため，牛乳を飲むと下痢をしやすい体質の人もいる。特に日本人には多く見られる。無機質は体内で合成できないため，食品から摂取しなければならないが，牛乳が苦

表7-5　無機質の働きと多く含む食品

名称	働き	吸収の特徴	食品の例
カルシウム(Ca)	骨，歯の成分 神経伝達 筋肉の収縮作用 血液凝固作用	マグネシウム，リンとの同時摂取で吸収促進 理想的な比率は Ca (2)：P (2)：Mg (1)	乳・乳製品 小魚
マグネシウム(Mg)	骨と歯の成分，筋肉の収縮作用	ナトリウムにより吸収促進	穀類，野菜類，魚類，肉類，乳・乳製品
リン (P)	骨や歯の形成 pHの調節	カルシウムの吸収に不可欠 過剰の場合カルシウムの吸収が悪化	穀類，胚芽，肉類，卵黄，乳・乳製品
鉄 (Fe)	血液の成分	ビタミンCにより吸収促進 茶に含まれるタンニンにより吸収抑制	肉類（レバー），野菜，魚介類，海藻類
亜鉛 (Zn)	たんぱく質の合成，酵素の構成成分	たんぱく質により吸収促進 カルシウムや食物繊維などにより吸収抑制	玄米，豆類，ナッツ類，貝，肉類，卵

手な場合，カルシウムを補う時は，他の食品で補う必要がある。

一方過剰に摂取しがちなものが，リンとナトリウムである。ナトリウムは，その源である食塩（塩分）のとり過ぎが原因であり，リンは動物性食品や，加工品に比較的多く含まれている。欠乏症または過剰摂取による健康障害を招かないよう気を付けたい。

(5) ビタミン

ビタミンは，微量ながら生理的機能を調節し，身体の成長・発達に関わるだけでなく，他の栄養素の働きをサポートし，不足すると体調不良を招く大切な栄養素である。そのほとんどが体内で合成できないため，食品から摂取しなければならない。ビタミンは，油に溶けやすい脂溶性ビタミンと，水に溶けやすい水溶性ビタミンに大別できる。

脂溶性ビタミンは，脂質と共に摂取することで吸収がよくなるが，過剰にとると身体に蓄積され，それがもとで健康障害を引き起こすことがある。そのため上限が決められている。植物性食品の色素の一つであるカロテンは，体内

表7-6 ビタミンの種類と働き

名称	主な働き	主な欠乏症・身体の不調	多く含まれる食品
ビタミンA	発育促進 皮膚や粘膜の保護 視力の調節	発育障害 皮膚乾燥，角膜乾燥症 夜盲症	緑黄色野菜 レバー，卵黄 バター
ビタミンD	カルシウムやリンの吸収を調節	骨軟化症（成人），くる病（乳幼児）	魚類，卵黄，きのこ
ビタミンE	体内の脂質の酸化防止・老化防止	血小板増加症，浮腫，溶血性貧血（低出生体重児）	植物性油脂，種実
ビタミンK	血液凝固	血液の凝固不良，内出血（新生児）	緑黄色野菜，納豆
ビタミンB_1	糖質の代謝に関係，神経系統の調節	疲労感，食欲不振，かっけ	豚肉，豆，卵黄
ビタミンB_2	発育促進 皮膚・粘膜の保護	発育障害，口内炎，皮膚炎	レバー，牛乳
ナイアシン	糖質，脂質，たんぱく質の代謝に関係	食欲不振，皮膚炎	レバー，肉類，魚類
ビタミンC	コラーゲンの生成と保持，抗酸化作用，ストレスへの抵抗力増進	食欲不振，壊血病・歯茎からの出血	野菜，果実
葉酸	赤血球の成熟に関係	巨赤芽球性貧血や神経管閉鎖障害（胎児）	緑黄色野菜，レバー

でビタミンAとして作用するため，プロビタミンAともいわれている。緑黄色野菜か否かは，カロテンを可食部100g当たり600μg以上含んでいるかどうか，またそれ未満でも，1回の摂取量が多い野菜かどうかで決められている。

一方水溶性ビタミンは，過剰にとっても尿と共に排泄され，調理による損失も大きいので，不足しないように気を付けることが大切である。ビタミンの種類と具体的な働き及び多く含まれる食品は，表7-6のとおりである。

2. 食品の栄養的な特徴（3つのグループについて）

(1) 食品の体内での主な働き

小学校家庭科教科書の背表紙には図7-9のような食品の分類図が掲載されている。実際はカラーページ（写真）のため大変カラフルである。ここには様々な学習内容や，情報が盛られている。まず，食品を体内での働きごとに「おもにエネルギーのもとになる食品」「おもに体をつくるもとになる食品」「おもに体の調子を整えるもとになる食品」の3つに分類している。またそれぞれに理解しやすいように，代表的な食品が掲載され，図の中心にはその根拠となった栄養素が明記されている。

ここで気を付けたいのは，その食品には，該当するグループに明記されている栄養素のみが含まれている，と誤解しないようにすることである。例えば，卵はビタミンC以外を含んでいるので，五大栄養素のほぼすべてに関連している。したがって，3つの働きのどこにも属すことができるが，主に含まれている栄養素や，主な体内での働きで見ると，最も期待されているたんぱく質を多く含む食品として捉えられている。したがって「おもに体をつくるもとになる食品」に分類される。

また「おもに体の調子を整えるもとになる食品」では，破線を挟み右側の色の濃い野菜と，左側のその他の野菜・果物に分けられている。これは栄養素であるビタミンに注目して，色が濃いのは，主にカロテンなど脂溶性ビタミンが豊富な食品で，色の薄いものや果物の方は，主にビタミンCなど，水溶性のビタミンが多い食品であることを示している。体内での主な働きは変わらないが，その根拠となっている各栄養素の働きに注目すると，細かい部分の違いがあることを，栄養素の学習とつなげて把握しておくとよいだろう。

さらに単品の食品ではないものもある。例えばマヨネーズである。これは原材料が，何からできているのかで判断しなければならない。マヨネーズは，卵（卵黄），油，酢，塩及びコショウで作られている。この場合，卵の働きよりも，油（脂質）としての働きの方が大きいと考えて「おもにエネルギーのもとになる食品」に分類している。複数の食品を含んでいるので，色々考えられるが，主なものは何か，特に量的に多いものや働きとして顕著であるもので判断するとよいだろう。

栄養素のはたらきによる食品の分類

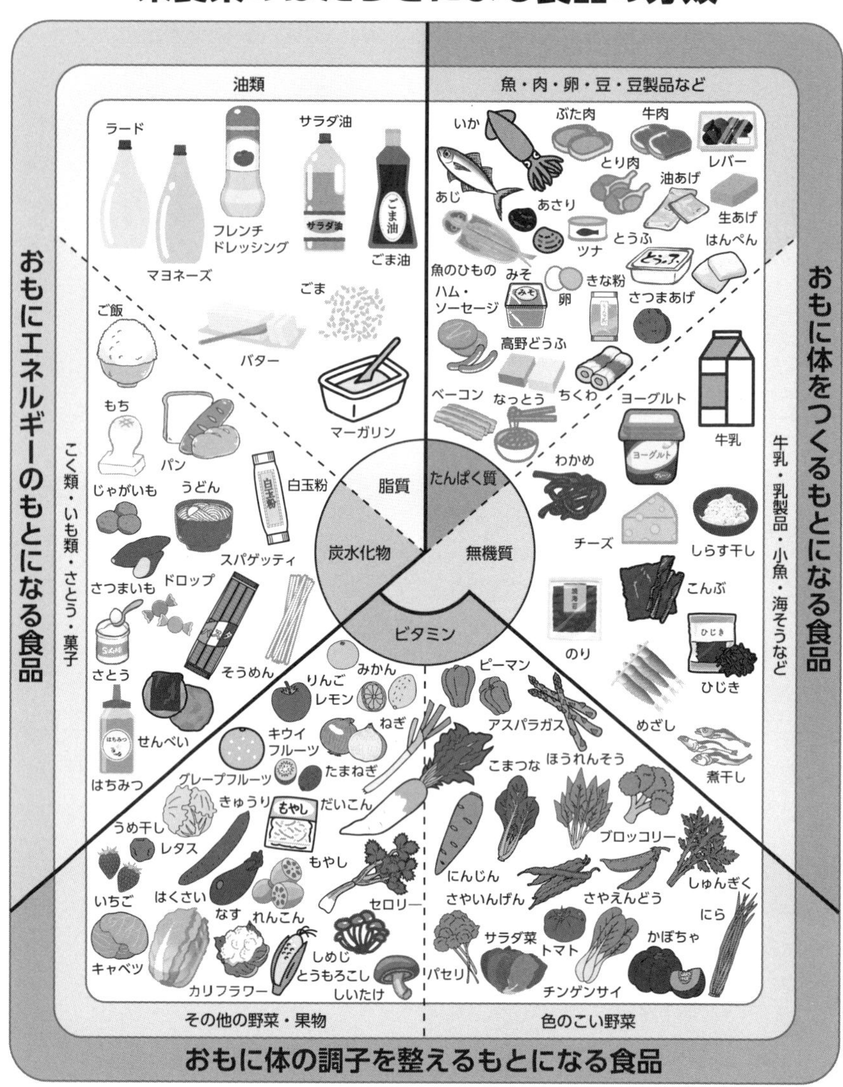

(注) 中央の円の中は，それぞれの食品におもにふくまれている栄養素を表す。ここでは，海そうは，「おもに体をつくるもとになる食品」に分類しているが，「おもに体の調子を整えるもとになる食品」に分類することもある。

図7-9　栄養素のはたらきによる食品の分類

出所：『わたしたちの家庭科5・6』平成31年開隆堂より作成

(2) 食品を組み合わせてとる必要性

栄養素の学習や，食品の体内での働きの学習をとおして，健康の保持や成長・発達のためには，欠食や偏食せずに食べるという，食事の重要性を理解することができる。特にまんべんなく3つの働きのすべてを摂取するためには，1種類の食品だけでは不可能であることが分かり，複数の食品を組み合わせてとる工夫が必要であることに気付けるだろう。

もともと食品には複数の栄養素が含まれており，体内での働きも，いくつか

表7-7　食事調べ記入表

年　組　番　名前

食事について調べたことを記入しよう。
①何を食べたか思い出し，例にならって献立と食べた食品を書き出そう。
②栄養的な特徴を考えて，①で書いた食品は3つのグループのどこに当てはまるのか，当てはまるところに○を付けよう。
③○が多かったのはどのグループか，見直しをしてみよう。
④食事調べをして気付いたことをまとめよう。発表しよう。

献立	食品名 ＼ 栄養的な特徴（食品の例）	おもにエネルギーのもとになるもの（米，パン，いも類，油，お菓子等）	おもに体をつくるもとになるもの（魚，肉，卵，牛乳，豆製品等）	おもに体の調子を整えるもとになるもの（野菜，果物，海藻等）
例）トースト	1　食パン	○		
	2　バター	○		
	3			
	4			
	5			
	6			
	7			
	8			
	9			
	10			

（注）例えば第5学年は1食分，第6学年は1日分について調べさせるなど，学習段階によって工夫するとよいだろう。

出所：『家庭科指導法』玉川大学，2001より

表7-8　学校給食献立表（例）

日	曜日	献立名	材料の種類と体内での働き			調味料	栄養価	
			おもにエネルギーのもとになるもの	おもに体をつくるもとになるもの	おもに体の調子を整えるもとになるもの		エネルギー（kcal）	たんぱく質（g）
2	月	ごはん　牛乳　煮魚 けんちん汁　ごま塩	米　ごま油　砂糖　さといも こんにゃく　ごま（黒）	牛乳　さば　豆腐 油あげ	にんじん　ごぼう　こまつな だいこん　しょうが	しょうゆ　酒　酢 塩　削り節	637	26.2
3	火	ロールパン　牛乳 五目焼きそば 杏仁豆腐	パン　むしめん　油　砂糖 ごま油　杏仁豆腐（缶） でんぷん	牛乳　豚肉　むきえび いか　うずら卵（缶）	にんじん　たまねぎ　はくさい もやし　たけのこ（缶）　しょうが 干ししいたけ　黄桃（缶）　にら パイン（缶）　みかん（缶）	しょうゆ　酒　塩 こしょう　酢	677	25.7
4	水	Ⓐごはん　牛乳　卵とじ 切干し大根の甘酢あえ 焼きのり	米　油　砂糖 ごま（白）	牛乳　豚肉　鶏卵 凍り豆腐　焼きのり	にんじん　たまねぎ 切干し大根　きゅうり	しょうゆ　酒　塩 削り節　酢 みりん	638	26.2
		Ⓑごはん　牛乳　肉じゃが 切干し大根の甘酢あえ 焼きのり	米　油　砂糖　じゃがいも ごま（白）　つきこんにゃく	牛乳　牛肉　焼きのり	にんじん　たまねぎ 切干し大根　こまつな きゅうり	しょうゆ　みりん 塩　酢	605	22.3
5	木	食パン　マーガリン 牛乳　変わり五目豆 ヨーグルトあえ	パン　油　砂糖　こんにゃく マーガリン　じゃがいも	牛乳　豚肉　大豆 ヨーグルト	にんじん　ピーマン　黄桃（缶） パイン（缶）　みかん（缶） りんご	しょうゆ　みりん	658	25.5
6	金	ぶどうパン　牛乳 マカロニのクリーム煮 りんご	パン　油　バター　マカロニ 小麦粉	牛乳　むきえび　鶏肉 粉チーズ　脱脂粉乳	たまねぎ　にんじん マッシュルーム　りんご ほうれんそう	塩　こしょう ワイン（白）	629	25.3

の栄養素が絡み合って効果を上げている。毎回の食事をとおし食べている食品には，それぞれ栄養的な特徴があるため，同じ食品ばかりを食べるのではなく，組み合わせを工夫し，バランスを考えるとよいだろう。具体的に気付くことができるようにすると，食事への関心も高まる。指導に当たっては，栄養教諭による食育との総合的な学習も考えられる。家庭科として取り組む際には，例えば実際の食生活から気付くことを重視して，表7–7のような各自の食事調べ（事前課題）から取り組んでみてはどうだろうか。自分自身の日頃の食事を見直すことができ，実践に繋げやすくなる。またプライバシーへの配慮から，家庭での食事調べではなく，表7–8のような学校給食の献立表を活用する方法もある。バランスのよい食事とはどのような内容か，材料はどうかなど，具体的に確認できるように指導するとよいだろう。

3. 献立作成——食事計画

五大栄養素と食品の体内での主な働きについて理解できたことで，健康に過ごすための食事計画について，さらに学びを深めていくとよいだろう。ここでは課題解決学習につながることを目指し，献立作成のための食事計画について考えていく。

(1) 食事摂取基準

厚生労働省から出されている「日本人の食事摂取基準」（5年ごとに改定）は，健康な人を対象に，健康の維持・増進や生活習慣病を予防するための，エネルギーと各栄養素の1日当たりの摂取量の基準を示している。年齢や性，身体活動レベル（低い（Ⅰ），普通（Ⅱ），高い（Ⅲ）の3段階），及び妊婦・授乳婦別になっている。エネルギー収支バランスの指標にはBMI【Body Mass Index】＝体重(kg)÷{身長(m)}^{2}が用いられている。推定平均必要量，推奨量，目安量，目標量，さらに過剰摂取による悪影響も増えてきたことから，健康障害を防ぐために，耐容上限量も提示している。食事計画においては，この食事摂取基準を満たしバランスのとれたものとなるように考え工夫するとよいだろう。そのためには，食品成分表の活用と，具体的な栄養摂取量の算出が必要になる。

(2) 食品群別摂取量の目安と食事バランスガイド

食事を計画するに当たり「食事摂取基準」に基づいた，エネルギーや栄養素

表7-9　栄養素の特徴による食品群の分類

3色食品群	赤群	緑群	黄群
	魚・肉・豆類・乳・卵	緑黄色野菜・その他の野菜・果実・海藻・きのこ	穀類・砂糖・いも類・油脂
	血や肉をつくる	体の調子をよくする	エネルギー源となる

6つの基礎食品群	1群	2群	3群	4群	5群	6群
	魚・肉・卵・大豆	牛乳・乳製品・小魚・海藻	緑黄色野菜	その他の野菜・果実	穀類・いも類・砂糖	油脂
	血や肉をつくる	骨・歯をつくる・体の各機能を調節	皮膚や粘膜の保護・体の各機能を調節	体の各機能を調節	エネルギー源となる	エネルギー源となる

4つの食品群	1群	2群	3群	4群
	乳・乳製品・卵	魚介・肉・豆・豆製品	野菜・いも類・果実	穀類・砂糖・油脂
	栄養を完全にする	血や肉をつくる	体の調子をよくする	エネルギー源となる

出所：『家庭基礎』東京書籍，2017（平成29）年より

の摂取量を算出する方法は，実生活では大変な作業と感じるだろう。そこでもっと具体的に，バランスのとれた食生活を営むための指針として，どのような食品をどれだけ食べたらよいのかを示したものが，「食品群別摂取量の目安」である。

食品の分け方には，表7-9のように栄養素の働きの特徴から，食品を赤・黄・緑の3色に分け，簡単で分かりやすくした「3色食品群」，さらにバランスのとれた栄養を重視し，栄養素の種類別に6つに分け，毎日とらなければならない栄養素とそれを多く含む食品との組み合わせを示した「6つの基礎食品群」，日本人の食生活に不足しがちな栄養素を補充して，完全な食事にするという考えから，乳・乳製品と卵を1群とし，他を栄養素の働きの特徴別に3つに分けた「4つの食品群」などがある。

さらに食事の望ましい組み合わせと，おおよその量をイラストで示したものに，農林水産省と厚生労働省が合同で2005（平成17）年に策定した「食事バランスガイド」がある。栄養素量や食品の重量といった数値を意識しなくても，具体的な料理を基に数（単位は「つ（SV）」）で確認でき，1日の食事バランス

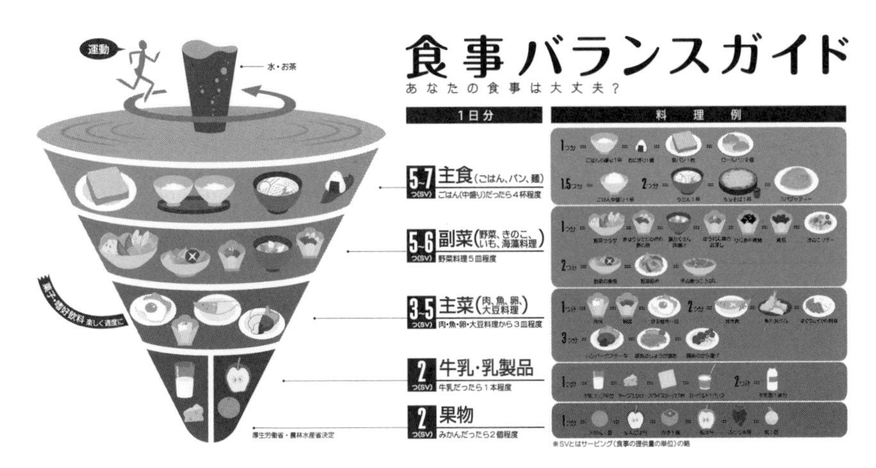

図7-10　食事バランスガイド

出所：農林水産省，厚生労働省

を考えることができるものである。図7-10のイラストはコマの形をしているが，これは運動することで，コマが倒れることなく回転し，人間にとって運動が欠かせないことを表現している。またコマには軸があるが，人体になくてはならない水分がこれに該当する。ここでは一つ一つの食品ではなく，「主食」「副菜」「主菜」「牛乳・乳製品」「果物」の5つに区分し，料理の形で量的な基準も示している点が分かりやすい。菓子・嗜好飲料についても，食事全体のバランスを考慮し，「楽しく適度に」の添え書きとともに，コマを回す紐として付けられている。県の特産品を取り入れた地域版バランスガイドも公表されていることから，親しみがもてる資料といえるだろう。図7-11に小学5年生向けの食事バランスガイドの使い方例を示しておく。

(3) 1食分の献立作成

食事の大切さが分かり，調理の知識と技能を身に付け，さらに栄養のバランスについても理解できたならば，それらの見方・考え方を生かした献立作成について取り組んでいこう。ここでは，具体的な1食分の献立が立てられることがねらいとなっている。1品ではなく1食分なので，食事として整っているものを考えることが大切である。指導に当たっては「食事バランスガイド」に類似するが，主食と副食（おかず）で捉えさせると分かりやすいだろう。すなわ

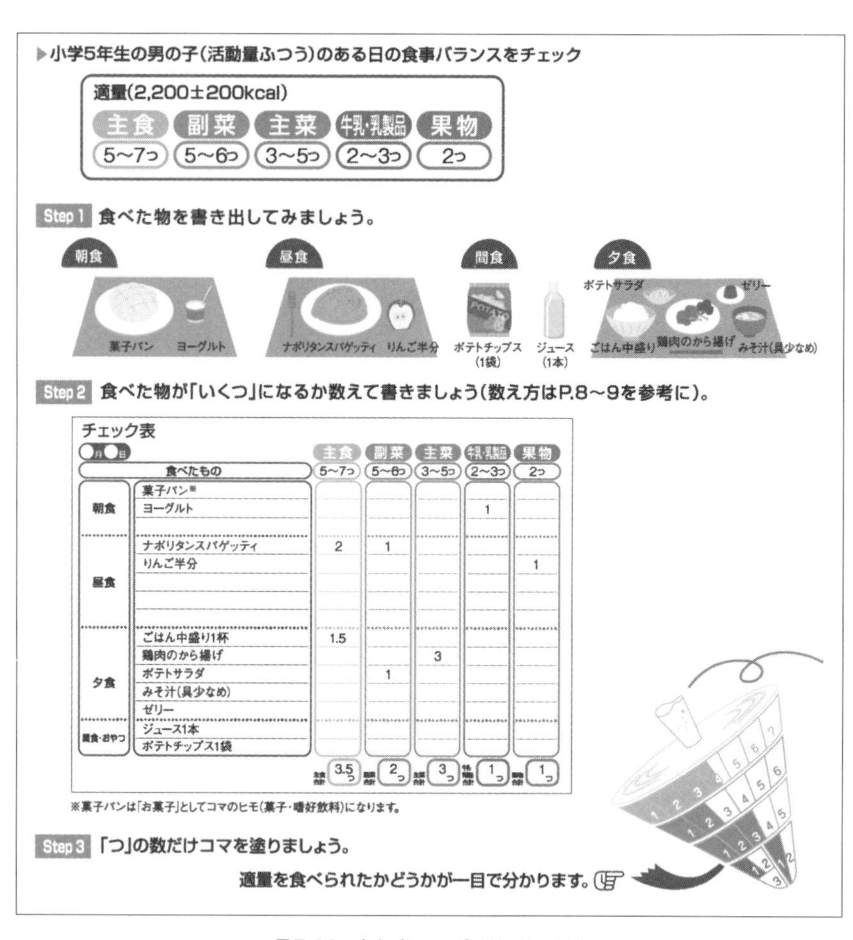

チェック表

	食べたもの	主食 5〜7つ	副菜 5〜6つ	主菜 3〜5つ	牛乳・乳製品 2〜3つ	果物 2つ
朝食	菓子パン※					
	ヨーグルト				1	
昼食	ナポリタンスパゲッティ	2	1			
	りんご半分					1
夕食	ごはん中盛り1杯	1.5				
	鶏肉のから揚げ			3		
	ポテトサラダ		1			
	みそ汁(具少なめ)					
	ゼリー					
間食・おやつ	ジュース1本					
	ポテトチップス1袋					
合計		3.5つ	2つ	3つ	1つ	1つ

※菓子パンは「お菓子」としてコマのヒモ（菓子・嗜好飲料）になります。

図7-11　食事バランスガイドの使い方例
出所：「小学生・中学生向け食事バランスガイド活用事例集」農林水産省，2008（平成20）年より

ち日本型食生活のパターンである。一汁二菜（p. 94，図7-6）を前提に，まずは主食（ご飯），次に主食に合う汁物（ご飯なのでみそ汁などがよい），そしておかずとしての主菜（ここではメインディッシュと捉え，魚や肉あるいは卵や豆製品など，たんぱく質が豊富な食品によるおかずがよい），さらに主菜を補い，ビタミンや無機質が豊富な食品を取り入れた副菜（野菜や芋類，海藻などが該当する），これらを取り合わせて，主食のご飯に合う副食となり，1食分の献

立として，バランスのよいものになる。

また主食がパンの場合は，汁物をみそ汁ではなくスープ類にして，サラダなどでアレンジすることで，栄養のバランスも整うだろう。

色どりや味のバランスについても偏らないように，好みや季節（旬）の素材，費用や環境面への配慮など，色々な状況から考え工夫できるとよい。しかし条件を多くすると，思うように取り組めなくなる。まずは食品を組み合わせて，バランスよく整える学習のまとめとして，取り組ませたい。できればここで作成した献立を，考えただけで終わらせてしまうのではなく，調理実習で実際に作ってみたり，家庭での実践に繋げるなど，可能な限り実生活で生かす機会を作るとよい。

第4節　指導における留意点

2017（平成29）年告示の学習指導要領には，食に関する指導について，家庭科の特質に応じて食育の充実に資するよう配慮すること，また4学年までの食に関する学習との関連を図ることが明記されている。

2005（平成17）年に食育基本法が成立し，5年ごとに制定される食育推進基本計画に基づき，食育についても様々な取組が行われている。栄養教諭による指導だけでなく，知識と技能を習得し，思考力・判断力・表現力も生かして，家庭科による食に関する指導を充実させることが重要である。

小学校においては米飯とみそ汁の調理やだしの役割など，日本の伝統的な食文化の大切さに気付くことが重視されてきている。そのため日常の食事を大切にする心，心身の成長や健康の保持増進の上で望ましい栄養や食事のとり方，食品の品質及び安全性等に関する基礎的･基本的な知識，調理に関する基礎的･基本的な知識及び技能など，多くの学習課題が盛り込まれている。

指導に当たっては，プライバシーに配慮しつつ，食生活に関する学びを家庭生活の中で総合的に捉えることができるよう，児童の家庭や地域とも連携しながら進めるとよいだろう。栄養教諭とのティームティーチングや，地域の人材による支援を得るなど，食育の充実と関わらせることが大切である。

課　題

1. 食事の役割について，特に日常の食事が大切であることや留意することは何かまとめよう。
2. 食品の体内での働きについて，栄養素や具体的な食品を例に出しながら，説明しよう。
3. 調理実習の指導において，どのようなことに留意する必要があるだろうか。加熱調理の時と，米飯およびみそ汁作りの時と，それぞれについて考えよう。

参考文献

石田賢吾（改訂編著）『改訂新版　食品調味の知識』幸書房，2019年
香川明夫監修『七訂　食品成分表2019』女子栄養大学，2020年
　もしくはこれに準拠した『食品成分表』や高等学校家庭科教科書　等
伊藤貞嘉，佐々木敏著『日本人の食事摂取基準（2020年版）』第一出版2020年

第8章
衣生活

近年，生活環境が大きく変化し合理性や利便性が優先されるようになり，衣服も大量生産・大量消費が行われてきた。しかし，価値観が多様化されるようになると，衣服に個性や自分らしさを求めるようになり，さらには，着こなしを楽しむ意識も生まれた。そして，2011（平成23）年の東日本大震災の後，生活全体を見直す傾向がみられ，持続可能な社会の構築が考えられるようになった。

小学校学習指導要領（平成29年告示）解説　家庭編において，健康・快適・安全で豊かな衣生活を送るためには，衣服に関して正しい知識をもち，衣生活をよりよくしようと工夫する実践的な態度を育成することをねらいとしている。そこで，本章では，「衣服の着用と手入れ」「布を用いた製作学習」を取り上げ，解説する。

キーワード　衣服　基礎的な知識及び技能　布を用いた製作学習

第1節　衣服の着用と手入れ

衣服の主な働きが分かり，季節や状況に応じた日常着の快適な着方を理解し，手入れの仕方に関する基礎的・基本的な知識及び技能を身に付け，着用と手入れの仕方を工夫することができるようにすることをねらいとしている。

1．衣服の働き

衣服は，人体の体幹部及び腕や脚部を覆い包むものである。それに対して，帽子，手袋，スカーフ及び装飾品を含めて，身に付けるすべてを総称して被服という。衣服の働きは，「保健衛生」「生活活動」「社会生活」「自己表現」の観点から捉えることができる。保健衛生上の働きとは，外界の様々な環境に適応するために体温調節の補助や保護を行ったり，皮膚を清潔な状態に保つことである。生活活動上の働きとは，快適かつ安全に行動できるようにすることである。そして，衣服には社会的・心理的な働きがあり，職業や所属を表す服装，冠婚葬祭での儀礼マナーに従った服装，TPOに応じた服装，着用者の気持ちを表現するという社会生活上の働きがある。また，衣服には，自分らしさや個性を表現する働きがある。私たちは，これらの働きを総合的に考えて衣服を選んで着装している（表8–1）。

表8–1　衣服の働き

衣服の働き		内容
保健衛生	身体の保護	熱傷や外傷，害虫などの危害から身体を保護する
	体温の調節の補助	暑さ，寒さ等，様々な環境条件に適応するために，体温を調節する
	身体の清浄	汚れを吸着し，皮膚表面を清潔に保つ
生活活動	動作適応性	快適かつ安全に活動できるように身体運動を補助する
社会生活	集団表現	職業や所属を表す
	儀礼上	社会的な慣習や道徳儀礼上の習慣，TPOに応じた着装
	心的表現	喜びや悲しみ，敬う気持ちを表す
自己表現	個性・美意識	自分らしさや個性を表す

2. 衣服の素材

衣服の主な働きについて，日常生活における衣服の着方と関連させて理解するためには，衣服の素材についての知識が不可欠である。

(1) 繊維の種類

衣服を構成する素材の最小単位が繊維である。繊維の種類には，天然に繊維の形で存在しているものをそのまま利用した天然繊維と，人が人工的につくりだした化学繊維に大きく分類される。化学繊維はさらに再生繊維，半合成繊維，合成繊維に分けられる。繊維の性質は，その原料である主成分や繊維の形などによって決まる部分が大きい。

天然繊維には，植物を原料とする植物繊維と動物由来の動物繊維がある。植物繊維の主成分はセルロースで，綿と麻が代表的である。綿繊維は，断面がそら豆形で中空があり，側面にはねじれがみられる（図8-1）。このねじれにより繊維間に空気を多く含むことができる。動物繊維の主成分はたんぱく質で，毛と絹が代表的である。羊毛繊維の特徴は，その断面はほぼ円形で，側面を覆う表皮はうろこ状のスケールが積み重なっている（図8-1）。表面は疎水性で濡れにくいが，内側は親水性で吸湿性に富むため，羊毛を温湯の石鹸液中で揉み洗いすると，繊維同士が絡まりフェルト化する。

化学繊維は，天然繊維と比べると形状が均一である（図8-1）。再生繊維とは，天然繊維に化学処理を施した繊維であり，代表的なものにレーヨンやキュプラがある。半合成繊維は，天然繊維と合成繊維の中間的な性質をもち，絹に似た光沢やドレープ性がありアセテートやプロミックスが代表例である。合成繊維は，石油を原料として合成された繊維のことで，衣料用ではポリエステルの生産量が多く，アクリル，ナイロンが続き，これらを三大合成繊維という。また，スポーツウエアなどの素材に配合されている，伸縮性に富むポリウレタンも合成繊維の一種である。

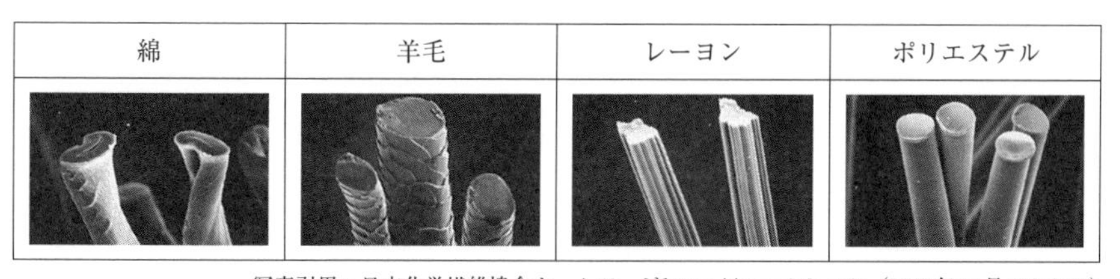

写真引用：日本化学繊維協会ホームページhttps://www.jcfa.gr.jp（2019年11月アクセス）

図8-1　繊維の形状（顕微鏡写真）

(2) 糸

繊維を引きそろえて撚りをかけたものが糸である。綿・麻・毛などの短い繊維（ステープル）を集めて平行に伸ばしながら撚りをかけて糸にしたものを紡績糸といい，絹や化学繊維などの長い繊維（フィラメント）に適当な撚りをかけたものをフィラメント糸という。紡績糸は毛羽が多く，かさ高であるのに比べて，フィラメント糸はなめらかで光沢がある。撚りの方向には，Z（左）撚りとS（右）撚りがある。ミシン糸はZ撚りで，手縫い糸はS撚りである。

(3) 布

衣服の素材として使用される布のほとんどは，繊維から糸をつくり，糸を組み合わせて布にした織物や編物である。布にはその他，レースやキルト布，繊維から糸の段階を通らずに直接つくったフェルトや不織布などがある。

織物は，たてとよこの二方向の糸が交差して構成され，糸の交差の規則性により様々な織組織が見られる。代表的なものは，平織，斜文織（しゃもんおり）（綾織（あやおり）），朱子織（しゅすおり）の3種で，三原組織と呼ばれる（図8-2）。

組織	組織図	織り方	特徴	織物例
平織		たて糸とよこ糸が1本ずつ交互に交差している。	糸がずれにくく，しっかりとした丈夫な布になる。	ブロード ガーゼ さらし ギンガム
斜文織		たて糸とよこ糸が2本以上組み合わさり，斜めのうねりをつくっている。	柔軟で光沢があり摩擦に強い。保温性が高い。	デニム ギャバジン サージ ツイード
朱子織		布表面でたて糸又はよこ糸が長く浮きながら交差している。	表面が滑らかで柔らかく光沢がある。摩擦に弱く，強度が乏しい。	サテン ドスキン 綸子

図8-2　織物の三原組織と特徴
出所：『ファッション造形基礎』実教出版，2014年より作成

編物は，たて糸，またはよこ糸のどちらか一方向の糸を用いて，ループ状に絡み合わせたものでニットとも呼ばれる。糸を編む方向によってよこ編みとたて編みがある（図8-3）。編物は，糸の交わりがゆるいため，柔軟で伸縮性が大きく，綿でもTシャツの

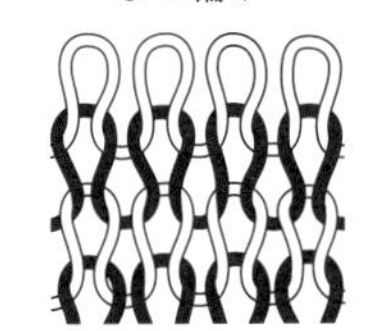

図8-3　編物の組織
出所：『ファッション造形基礎』実教出版，2014年より作成

ように編物になるとしわになりにくい。また，布の中に空気を多く含むことができるため，保温性・通気性・吸水性に富んでいるが，型崩れや糸の引きつれ，洗濯収縮を起こしやすいなどの欠点もある。

不織布は，繊維を糸にせず，薄いシート状に成形したもので，裁ち目がほつれないため，芯地やおむつ，使い捨てマスクなどに使われる。フェルトは毛の性質を利用して繊維同士を絡み合わせ，厚めのシート状にしたものである。

布目の方向には、布幅両端の「みみ」と平行方向の「たて」と、垂直方向の「よこ」と、45°方向の「斜め（バイアス）」がある。布目の方向により伸びの大きさが異なり、織物は、「たて＜よこ＜斜め」、編物は、「たて＜斜め＜よこ」と伸びが大きくなる。

布地の表裏の見分け方として，以下の6点があげられるが，判断が難しい場合は，どちらか一方を「表」と決め，表裏を混ぜないようにすることが製作時のポイントである。

・織りがなめらかで光沢があり，模様や色柄がはっきりしている方が表。
・布端のみみの文字が正しく読める方が表。
・布端のみみに織りむらがなく平らできれいな方が表。
・布端のみみに針穴が残っている場合は，穴が飛び出している方が表。ただし，統一されていないので注意して見きわめる。
・綾織りの場合，綾の方向が「ノ」に見える面が表。ただし，「逆ノ」になっている場合もあるので注意する。
・布幅が140㎝以上で，二つ折りにしてある場合は，内側が表。

3. 日常着の快適な着方

私たちは体温を良好な状態に保つために，外界の温度変化に対して衣服で体温調節を補っている。気温が低い時は，厚い衣服や重ね着をして熱の放散を防ごうとする。熱の伝達の仕方には，伝導・対流・放射があるが，布の保温性は，このうち主として伝導による熱の放散を防ぐ性能をいう。繊維は熱を伝えにくい物質であるため保温性に優れた材料といえるが，空気はさらに熱伝導性が小さい。そのため，重ね着をして空気層をつくったり，布に含まれる含気量が多いものは，身体からの熱の放散が小さくなり，保温性が高くなる。

しかし，風が吹く環境では，布に含まれる空気が流動し保温性は低下する。また，水は蒸発時に周囲の熱を奪うため，衣服に水が付着していると保温性は著しく低下する。暑熱時の環境では，衣服のほかに帽子や日傘などで，太陽からの放射熱を遮蔽（しゃへい）することが快適性に影響する（表8-2）。

また，野外活動をする際には，体温を調節するために脱ぎ着ができる衣服を着たり，虫よけのために長ズボンをはいたりする。運動着には，伸縮性のあるものや汗を吸い取るものを着用する。休養着には，ゆったりとしたもので，汗を吸い取り，肌触りがよいものを着るように，生活場面に応じて使い分けをするのが望ましい。

表8-2　暖かい着方と涼しい着方

	暖かい着方	涼しい着方
素材	・保温性が高いもの ・通気性が小さいもの	・通気性が大きいもの ・表面に凸凹をもつ布 ・吸湿性，吸水性が大きいもの ・速乾性があるもの
形	・身体の熱が逃げないように開口部（襟口，袖口，裾など）がつまったもの	・身体の熱を逃がしやすくするために，ゆとり量や開口部が大きいもの
色	・太陽からの放射熱を多く吸収する濃い色のもの	・太陽からの放射熱を多く反射させる白色や淡色のもの
着方	・適度の枚数を重ねて着用する （枚数が多すぎると，衣服と衣服の間の空気層が，重さでつぶれてしまう） ・最外層には風を通しにくい衣服を着用する	・多くを重ねて着用しない ・肌に近いものは，吸水性の高い衣服を着用する

4．日常着の手入れ

日常着などの衣服を快適に着るために，衣服を大切に扱い，脱いだ衣服を点検し，手入れをすることが必要である。日常の身だしなみのためにも必要な，ボタンの付け方や洗濯の仕方を理解し，適切にできることをねらいとする。

ボタンの付け方については，第2節の布を用いた製作学習で取り上げる。

（1）衣服の汚れ

着用した衣服は，汚れが付着し，衣服の通気性や保温性を低下させる。また，皮膚表面を清潔に保てなくなり，保健衛生上の働きの機能低下につながる。

汚れの発生源は，汗，皮脂，角質，血液のように身体に由来する汚れと，ほこり，花粉，泥，食べこぼしなどの外部に由来する汚れがある。汚れを形状や性質から、水溶性（細菌、カビなども含む)、油溶性、固体粒子に分類できる。

(2) 汚れを落とす仕組み

汚れを洗濯によって落とすためには，水，洗剤，機械力の3つの要素が必要である。水には，洗剤や汚れを分散・溶解する役割がある。洗剤は，その主成分である界面活性剤が重要な働きをしている。界面活性剤の分子構造は独特で，分子内に水になじむ親水基の部分と，油になじむ親油基の部分をもっている。この構造により，水溶液中で①浸透作用，②乳化作用，③分散作用，④再付着防止作用，という4つの働きで汚れを落とす（図8-4)。機械力は，手洗いと洗濯機の2種類あり，繊維に付着した汚れを効率的に引きはがす働きがある。

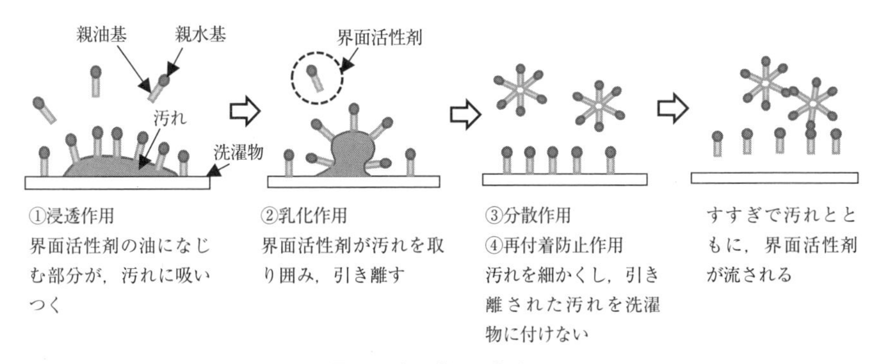

図8-4　汚れ落ちのプロセス

(3) 洗濯の仕方

洗濯の目的は，できるだけ傷つけずに衣類等の汚れを落とし，もとの状態に近づけることである。洗濯をするときは，まず初めに洗濯物の汚れの状態や取扱い表示を確認して，洗濯計画を立てる必要がある。

①計画する

汚れの状態や衣服の取扱い表示（洗濯表示）（図8-6）を見て，家庭で水洗いできるか繊維の種類を確認する。また，色や汚れの程度で洗濯物を分け，ポケットの中も確認し空にする。

②洗濯の準備

洗濯用洗剤の表示を確認し，繊維に適する物を選ぶ。液性では，弱アルカリ性のものと中性のものがある（表8-3）。成分表示では，特に蛍光増白剤と漂白剤の配合の有無を確認する。蛍光増白剤は，衣服の白さを増すための一種の染料であるため，淡色の衣服は白っぽく変色させることがある。また，漂白剤は，汚れ自体を化学的に分解する働きがあるため，衣類が色落ちや変色する場合があるので，注意が必要である。

洗剤の使用量は，汚れの落ち具合に影響を与える。洗剤の「使用量の目安」よりも少ないと汚れの落ちはよくないが，量を増やしても洗浄率はほとんど変わらないうえに，すすぎ残りが生じる場合があるため，「使用量の目安」に従って使用する必要がある。

③手洗い，洗濯機による洗濯

手洗いには，機械力の小さい押し洗いや振り洗いと，機械力の大きいつかみ洗いやもみ洗いがある。汚れのひどいものは洗濯機で洗う前に，パッケージの表示に従った洗濯液に，衣服を一定時間つけおきをしたり，手でもみ洗いをす

表8-3　繊維の種類と手入れに関する性質

<table>
<tr><th>繊維の種類</th><th>濡れた時の強度</th><th>防しわ性</th><th>吸湿性</th><th>適する洗剤</th><th>アイロンの温度</th><th>使用例</th></tr>
<tr><td>綿</td><td>◎</td><td>△</td><td>◎</td><td rowspan="2">弱アルカリ性</td><td rowspan="2">高温</td><td>Tシャツ
浴衣</td></tr>
<tr><td>麻</td><td>◎</td><td>△</td><td>◎</td><td>夏のジャケット</td></tr>
<tr><td>毛</td><td>○</td><td>◎</td><td>○</td><td rowspan="2">中性</td><td rowspan="2">中温</td><td>セーター</td></tr>
<tr><td>絹</td><td>△</td><td>○</td><td>○</td><td>着物
ネクタイ</td></tr>
<tr><td>ポリエステル</td><td>◎</td><td>◎</td><td>△</td><td rowspan="3">弱アルカリ性</td><td rowspan="3">低温</td><td>フリース</td></tr>
<tr><td>ナイロン</td><td>◎</td><td>◎</td><td>△</td><td>ストッキング</td></tr>
<tr><td>アクリル</td><td>◎</td><td>◎</td><td>△</td><td>セーター</td></tr>
</table>

ると，汚れを落とすのに効果がある。また，濡れた時の強度が弱いものや防しわ性の低いものは，手で押し洗いするなど，手洗いと洗濯機の特徴を理解して，使い分けるのが望ましい。

④乾燥・仕上げ

洗濯物のしわを伸ばして，形を整えて干す。干し方には，つり干し，平干し，日陰干しがある。型崩れや日光で黄変しやすいものには，注意が必要である。仕上げのアイロンのかけ方は，繊維に適する温度を確認してからかける。

(4) 衣類の取扱い表示

洗濯表示は，従来は各国ごとに異なる図記号が使われてきた。しかし，グローバル化が進み，様々な国々で生産された衣類が世界中で販売されるようになり，国ごとに記号が異なっていると，消費者には分かりにくいものになってしまっていた。こうした中で，繊維製品の取扱いに関する国際規格（ISO 3758）が1991（平成3）年に定められ，世界各国で国際規格への統一化が進められてきた。そして，日本でも，2016（平成28）年12月から，国際規格（JIS L 0001）に合わせた新しい洗濯表示に変わった。それは，5つの基本記号と付加記号・数字の組み合わせで構成されている（図8-5）。図8-6は，新しい洗濯表示記号と意味を示している。

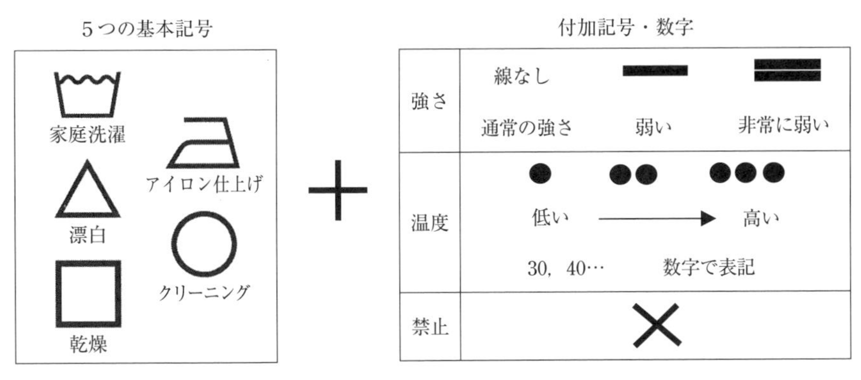

図8-5　新しい洗濯表示記号の構成

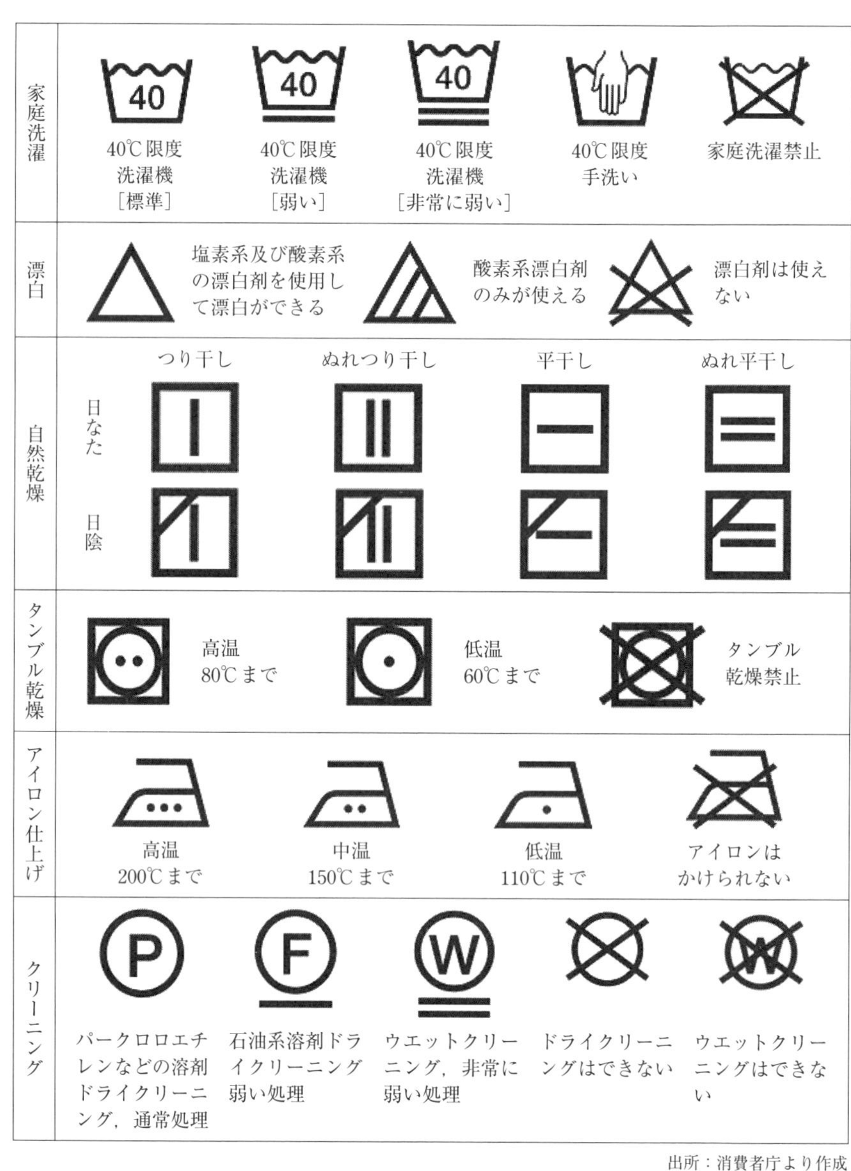

出所：消費者庁より作成

図8-6　新しい洗濯表示記号と意味

第2節　布を用いた製作学習

2017（平成29）年告示された小学校学習指導要領「家庭」B衣食住の生活，(5)「生活を豊かにするための布を用いた製作」の内容の取扱いで，「日常生活で使用する物を入れる袋などの製作を扱うこと」が明示されている。

布を用いた製作学習は，ものづくりの知識と技能を習得するだけでなく，製作活動を通して手指の巧緻性の向上や，集中力，忍耐力，創造力，プログラミングする力，問題解決力，生活を豊かにするための工夫する力などを育成することを目標とする。自分の力でできた達成感や自己効力感を経験させ自信をもたせ，知識と自分の手指を連動させ製作することによって，しなやかな思考力が育まれていくことは，子どもたちの主体的な学びを実現することにつながると思われる。

近年の子どもたちの製作経験の減少と手指の巧緻性の低下は，学習活動の遅速に影響を及ぼしている。指導者は，子どもたちにものづくりの楽しさを伝え，意欲を向上させるためには，つまずきの内容を理解し，迅速かつ的確に対応する必要がある。そのため，指導者の布を用いた製作学習の確かな知識・技能と指導力が重要となる。

本節では，布を用いた製作学習の基礎的な知識・技能について，そして，日常生活で使用する物を入れる袋の製作例を挙げる。

1．基礎的な知識・技能

製作準備では，まず用途に合わせた適切な用具を選択できるように指導しなければならない。そのための，用具の知識と安全な扱い方，製作に関する基礎的・基本的な知識・技能について解説する。

(1) 用具について

①手縫い糸

小学校家庭科では，図8-7のような手縫い糸が使われている。太口の糸は，丈夫に付けることができるためボタン付けに適している。なみ縫い・返し縫いなどには細口

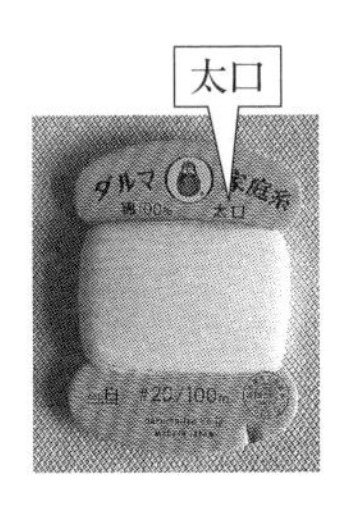

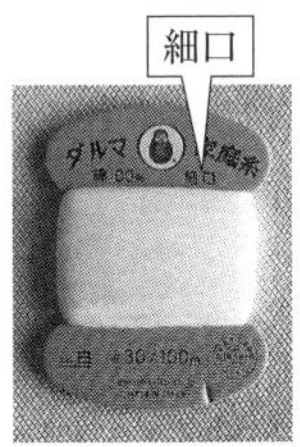

図8-7　手縫い糸の種類

の糸を使用するとよい。指導者は，糸を針の目処（針の穴）にスムーズに通すことができるか確認する必要がある。

②しつけ糸

撚りのあまい綿の糸で，毛羽立っているため抜けにくく，強度は弱い。白色のしつけ糸を「しろも」，色のついたしつけ糸を「いろも」と呼ぶ。しつけ糸は，本縫いの前に布がずれないように，仮に縫う時に使う糸である。「かせ」の場合，使いやすくするために使用前の処理が必要である（図8-8）。一般的には，片方の輪を切った長さ（約130cm）で使うが，児童には半分の長さ（約65cm）が扱いやすい。共有して使用できるように，指導者が準備しておくとよい。

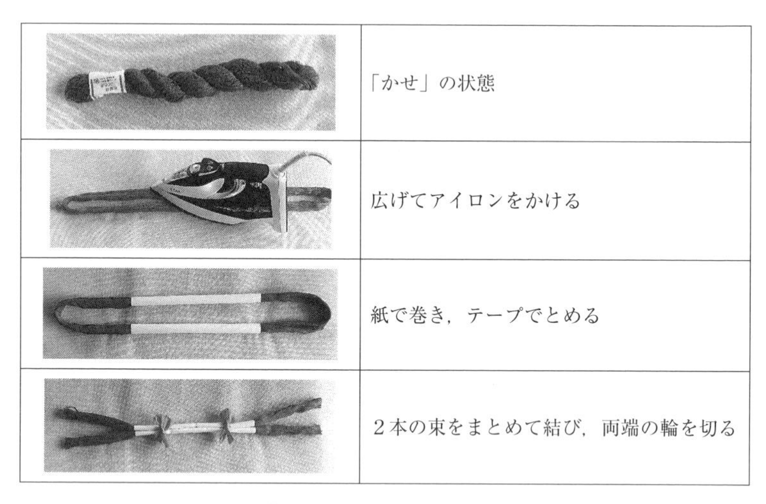

	「かせ」の状態
	広げてアイロンをかける
	紙で巻き，テープでとめる
	２本の束をまとめて結び，両端の輪を切る

図8-8　しつけ糸の準備の方法

しつけ糸は，本縫いが終わった後に抜くため，針穴や糸の毛羽が残って作品に影響がないように，しつけをかける位置は，本縫いのしるしの約3mm外側（布端側）を縫う（図8-9）。縫い方には，なみ縫いや一目落とし縫いがあるが，小学校段階では少し大きな，なみ縫い（約1～1.5cm）をする。

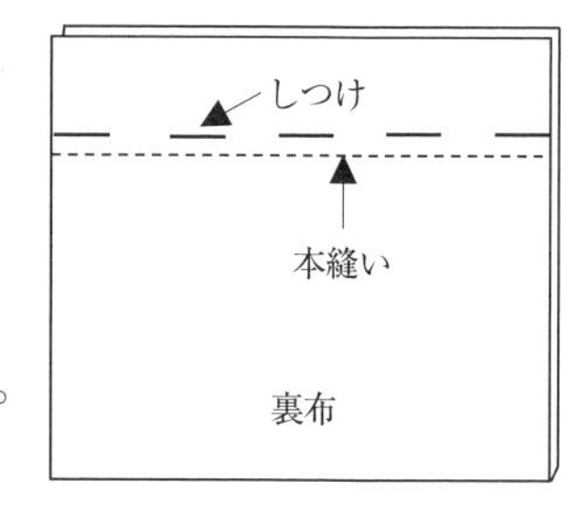

図8-9　しつけの位置

③手縫い針

手縫い針には和裁用の和針と洋裁用の洋針があり，目処の大きさや針先の鋭さなどに違いがある。小学校家庭科では洋針（メリケン針）が適している。針には号数があり，数字が大きくなるほど長さや太さも小さくなっていく。長針（ながばり）は5～6cm，短針（みじかばり）は3～4cmで，布の厚さや用途に応じて使い分ける。

④まち針

布地に型紙をとめたり，縫い合わせをする時に布がずれないようにするために使う。洋裁では一般的に針の頭が球形のまち針が使われるが，児童は，洋裁用に比べて長くて太い和裁用のまち針が使いやすい。また，和裁用のまち針は，頭の部分が平らであるため名前が書けるので管理しやすい。

⑤裁ちばさみ

作業台は広く使えるようにし，基本的に立って裁断する方がよい。はさみを持っていない手で軽く布を押さえるようにし，刃先を机の面に当てて切る。刃の先端の約2cmは使わないように，連続して裁断するとずれが少ない。安全に扱うために，裁ちばさみを手渡すときは，刃先を相手に向けないようにし，自分自身も刃で手を切らないように柄に近い部分を持って渡すようにするとよい（図8-10）。

図8-10　裁ちばさみの渡し方

⑥リッパー

縫い目などを切る時に使用する。カーブした根元の部分は鋭いナイフ状になっているため扱いには注意が必要である（図8-11）。

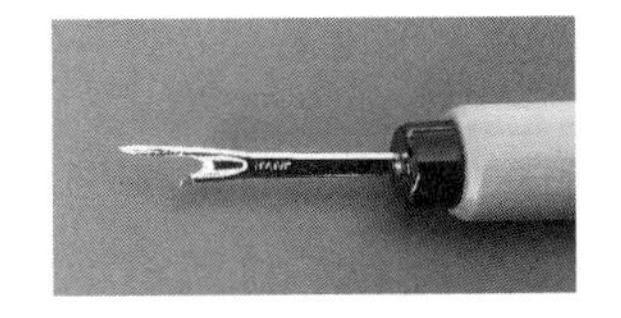

図8-11　リッパー

⑦指ぬき

長針用と短針用があり，針を持つ手の中指にはめて，針の頭を押し当てて使う。児童は2，3針ごとに針を引き抜くため，厚みのある布や硬いところを縫う時に，針を指ぬきに押し当て引き抜くことができる方法（図8-12）も指導するとよい。

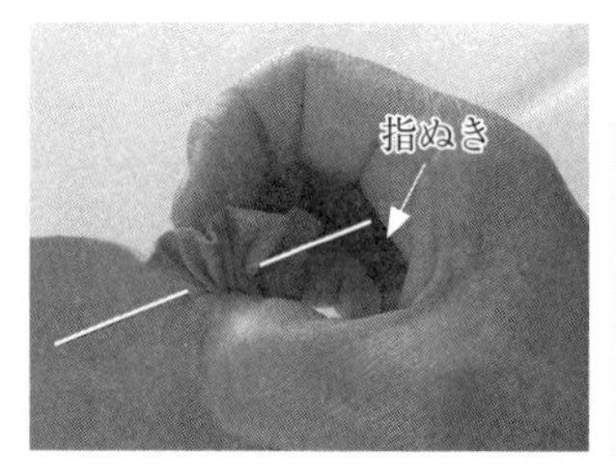

長針の場合

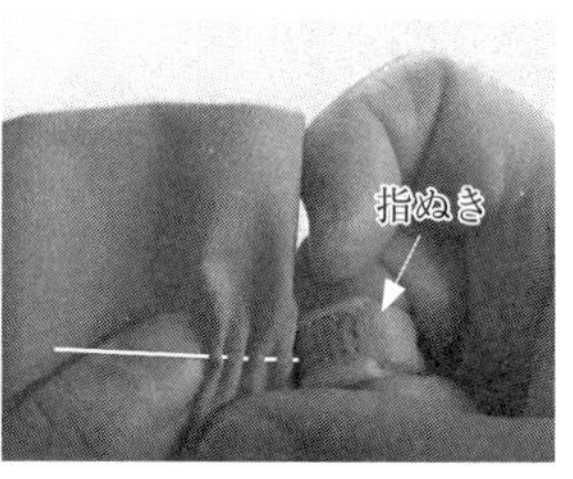

短針の場合

図8-12　針を押すときに使う方法

⑧しるし付けの用具

しるし付けに使われる用具に，チャコえんぴつ，布用複写用紙（片面・両面），ルレット，へら，しつけ糸，はさみがある。しるしつけの方法と用具は布地に合わせて選択する。しつけによる切りじつけはウール地などに，へらは裏地などのしるしつけに適している。ノッチは，ポイントにはさみで少し切り込みを入れる方法である。ルレットはギザ刃とソフトがあり，用途に応じて選択するとよい。ルレットやへらの持ち方は，凹みに人差し指をのせ，少し立てぎみに使う（図8-13）。

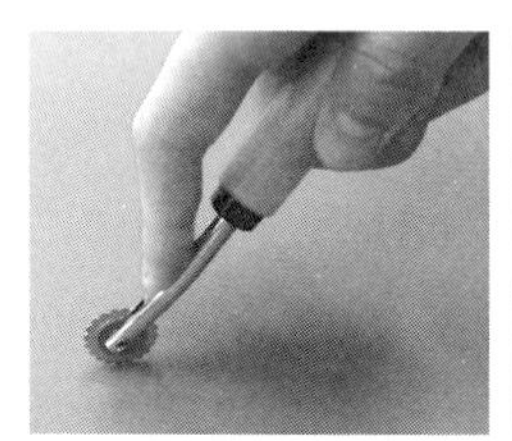

図8-13　ルレットとへらの持ち方

⑨ものさし

竹でできていて，長さは1m，50cm，20cmなどがある。端が「0」から始まっており，目もりは1mmまたは，2mmずつしるしてある。数字が書かれていないため，児童は戸惑うことがあるが，縫い代のしるし付けには適している（図

8-14)。プラスチック製の方眼定規には50cm，30cm，20cmのものがある。目もりに数字が書いてあり，竹のものさしより幅広で，透明であるため使いやすい。指導者が準備しておくのもよい。

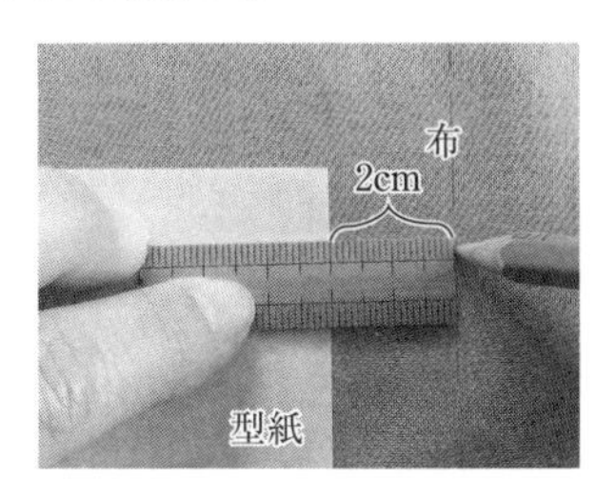

図8-14　2cmの縫い代のしるし付けのものさしの使い方

⑩ミシンの糸と針

糸と針は，布の素材に合わせて選ぶと，きれいで丈夫に縫うことができる。ミシン糸は番号が大きくなるほど細くなり，ミシン針は番号が大きくなるほど太くなる。中肉地のブロード・シーチング・ダンガリーなどで縫う時は，綿糸またはポリエステル糸60番，針は11番が適している。デニム・帆布のような厚地の時は，綿糸50番，ポリエステル糸30番，針は14番で縫うと，糸切れや針折れが少なくなる。布に適した糸と針を準備することが大切である。

⑪ボビン

下糸を巻く用具で，ミシンの種類，カマの形式によって材質や使い方が異なる（図8-15)。小学校で多く使われている家庭用ミシンは水平ガマであるため，プラスチック製のボビンが用いられていることが多いが，ミシンのメーカーによって直径や厚さが異なるため必ず取扱い説明書で確認する。

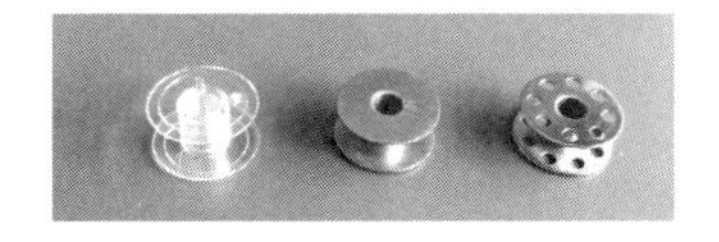

図8-15　ボビンの種類

⑫アイロン

コンセントにプラグを差し込み，布の種類に合わせて温度を調節する。布はアイロン台の上に置いてアイロンをかけ，斜めの方向は布が伸びてしまうことを理解させる（図8-16)。作業が終わったら必ず目盛りを「切」にして，温度が下がってから片付ける。

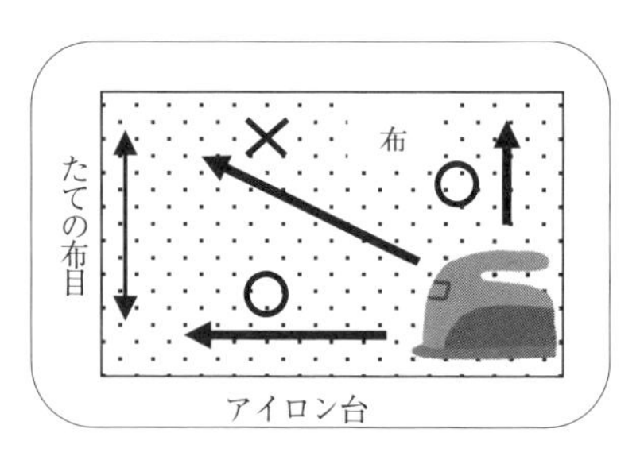

図8-16　アイロンのかけ方

(2) 手縫いの指導のポイント

①糸の準備

糸の長さは50～60cmくらいにすると扱いやすい。小学校の机の幅や腕の長さ（図8-17）をめやすにするとよい。糸は，目処（めど）（針の穴）に通りやすいように先を斜めに切る。

糸を目処に通すときは，糸をなるべく短く持ち，反対の手で目処を上にして針を持ち，糸を通す。手縫いは，針に糸を通すところから始まるため，児童が最初の段階でつまずかないよう特に配慮する必要がある。糸通しを準備しておくのもよい。

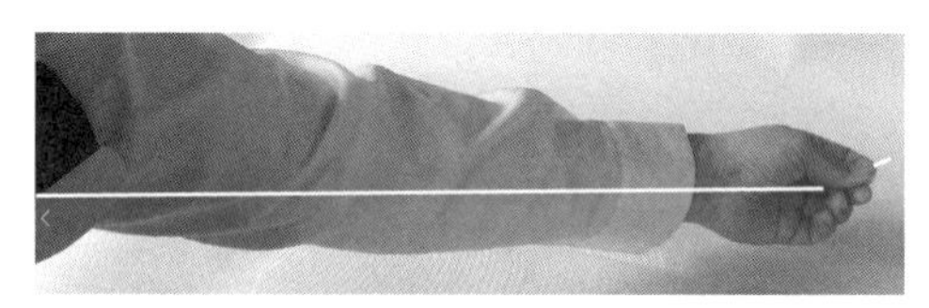

図8-17　糸の長さの測り方

②針の持ち方

針は，親指と人さし指でつまむように持つ（図8-18の左図）と，中指には

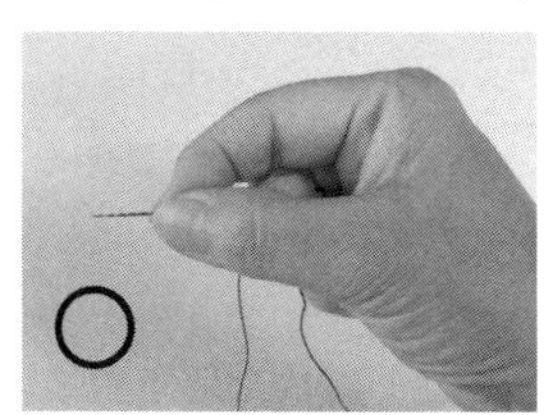

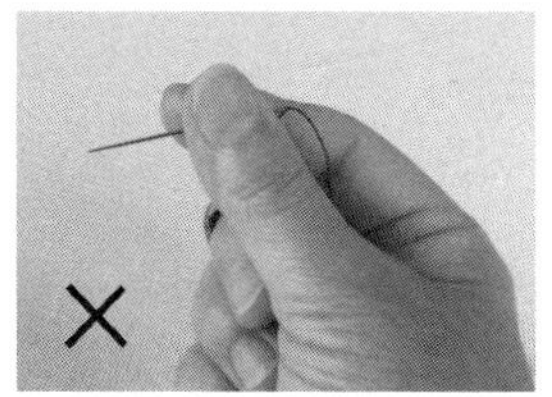

図8-18　針の持ち方

めた指ぬきも使いやすく，効率的に縫うことができる。

③玉結び

縫い糸が抜けないように，縫い始める前に玉結びを作る。安全性や効率をよくするために，反対の手に針を持ったまま玉結びを作る方がよい。難しい時は，針をピンクッションに刺してから玉結びを作る。玉結びには，指に糸を巻く方法（図8-19）と，針に糸を巻く方法（図8-20）がある。

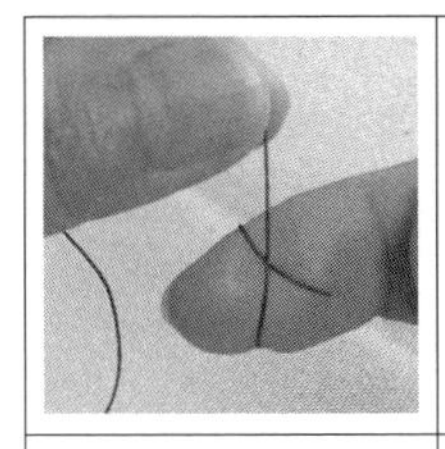	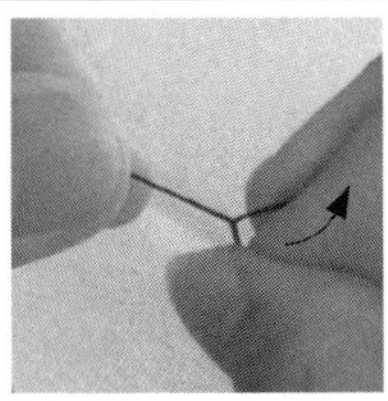	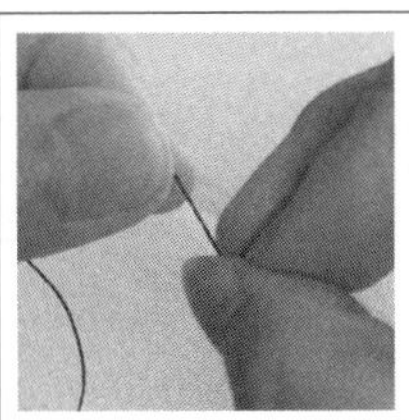	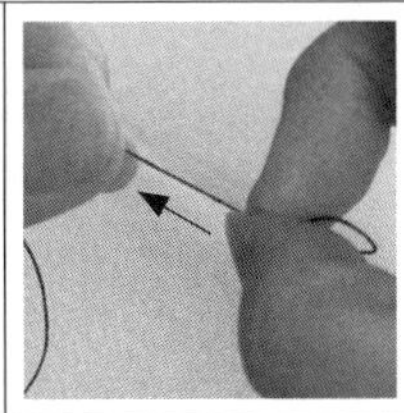
糸の端を人さし指の先端に1回巻きつける。巻き終わりは必ず交差させてから，親指をのせる。	親指の上で糸をこするように→の方にずらすと（往復しない）糸が絡まり撚りがかかる。	撚り合わせたところを中指の爪にひっかけるように押さえる。	人さし指を離しながら，もう一方の手で糸を→の方向へ引っ張る。

図8-19　指に糸を巻く玉結びの方法

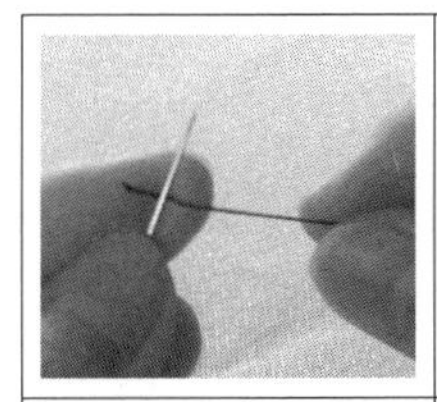	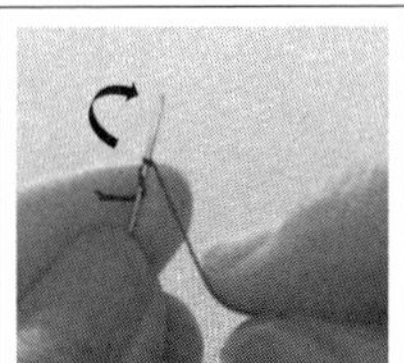	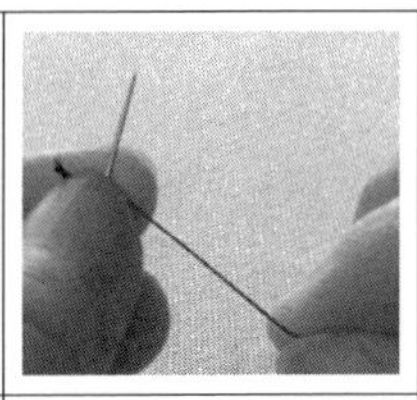	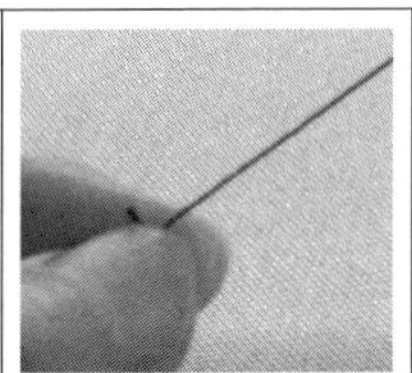
糸端の上に針をのせて親指で押さえる。	針に糸を時計回りに2, 3回巻きつける。	巻いたところを親指と人さし指で挟み，針を引き抜く。	押さえたまま，糸端まで引く。

図8-20　針に糸を巻く玉結びの方法

④玉どめ

縫い終わりは，糸が抜けないように図8-21の手順で玉どめを作る。

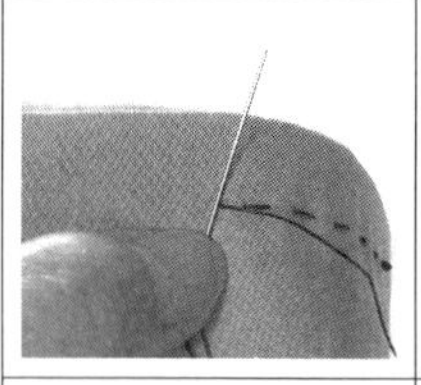	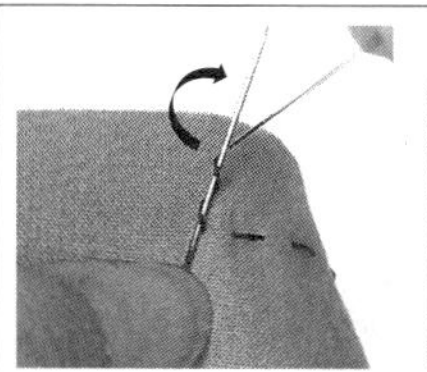	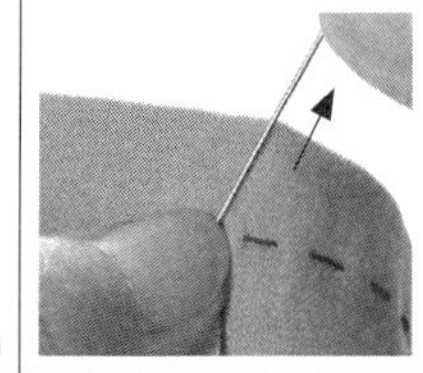
縫い終わりの位置に針をあて，ずれないように親指で押さえる。	針を押さえたまま，針に糸を時計回りに2，3回巻き，縫い終わりの位置まで糸を引き下げる。	巻いたところを，親指の爪を立てるように押さえ，針を引き抜き，糸を引き締める。

図8-21　玉どめの方法

⑤なみ縫い・返し縫い

小学校家庭科で学習する手縫いの方法を，図8-22に表示する。

	なみ縫い	本返し縫い	半返し縫い
表			
裏			
縫い方	表 ② ③ ① 裏	表 ② ③ ① 裏	表 ② ③ ① 裏
指導のポイント	布を縫い合わせるときに使い，表と裏の面が同じ針目になるように縫う。針目は約3mmで，2，3針続けて布をすくい引き抜くと，効率的で縫い目も整いやすい。	表の針目はミシン目と同様。裏側で2針進んで，表で1針分返しながら縫い進めていく。丈夫さが必要な時に使い，ミシン縫いのほつれを手縫いで直せる。	表の針目は，なみ縫いと同様。裏側で表に出る縫い目の長さの3倍進む。表で針目の半分まで戻りながら縫い進めていく。なみ縫いより丈夫で，本返し縫いより速く縫える。

図8-22　なみ縫い・本返し縫い・半返し縫いの方法

出所：『小学校　わたしたちの家庭科5・6』開隆堂を一部参考のうえ作成

針は常に布の表側で引き抜く。布の裏側で針を引き抜いた場合，次に針を刺す位置が分かりにくいため，縫い目が曲がりやすく，作業効率も悪くなる（図8-23）。

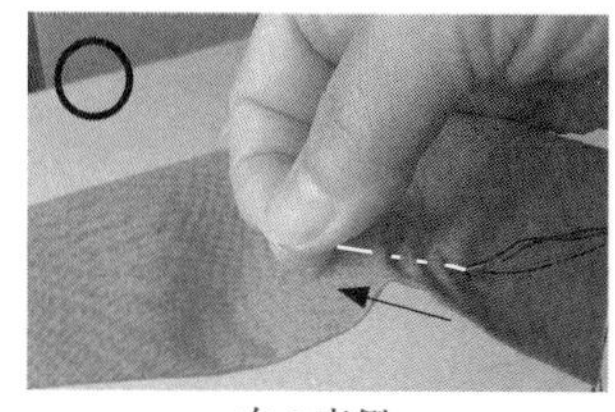

布の表側

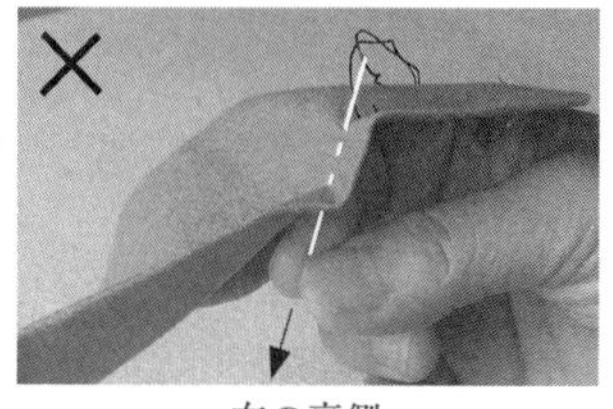

布の裏側

図8-23 針を引き抜く方向

⑥糸こき

なみ縫いは，玉どめをする前，布にしわがよったままにならないように，糸を指の腹でしごいて縫い目を落ちつかせる。これを「糸こき」という。返し縫いは，糸こきができないため，縫い始めから糸の引き加減に注意が必要である。

⑦かがり縫い

かがり縫いは，布の裁ち端をほつれないようにしまつをする方法で，布端から0.2～0.3cmの位置に，0.8～1cm間隔で縫う（図8-24）。フェルトを使ったマスコット作りなど，2枚の布を縫い合わせるときにも使われる。また，ブランケットステッチ（図8-25）も同様に使われることがあるが，小学校家庭科では図8-24のかがり縫いをする。

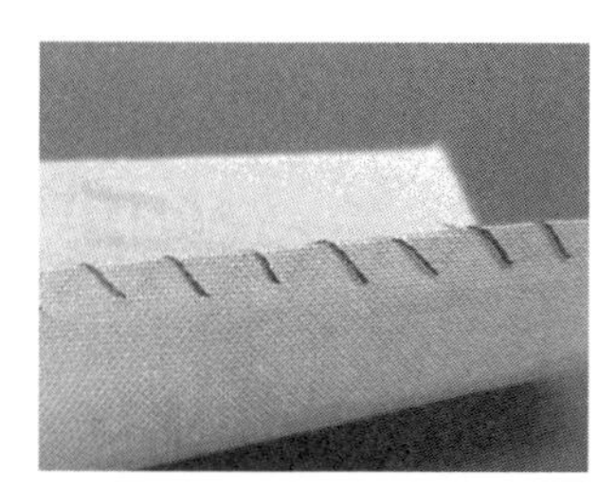

図8-24 かがり縫い

図8-25 ブランケットステッチ

⑧ボタン付け

ボタン付けは，ボタンが取れた時の補修や好みのボタンに付け替えたい時など，日常生活で活用される技能である。ボタンを丈夫にしっかり付けるためには，20番のボタン付け用糸や太口の糸が適している。布は，人さし指と中指の間に挟み，ボタンは，人さし指と親指でつまむように持ち（図8-26），図8-27のようにボタン付けを行う。

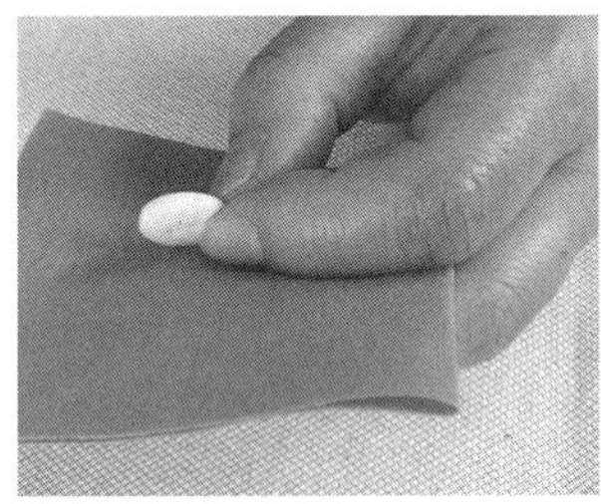

図8-26　布とボタンの持ち方

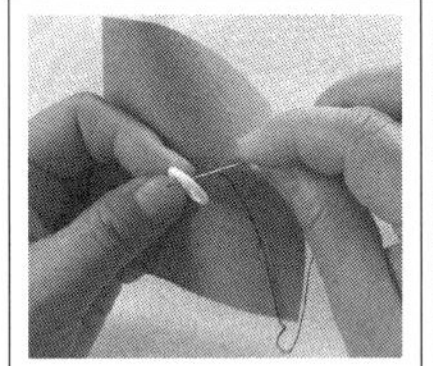	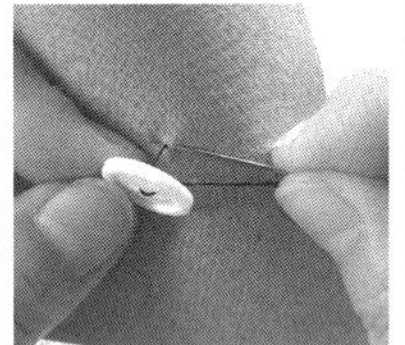	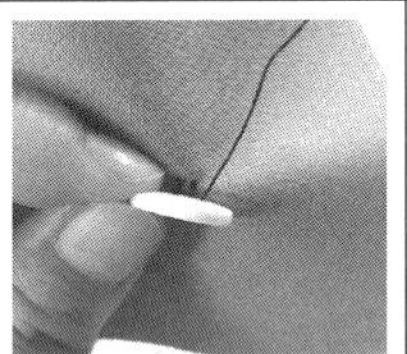	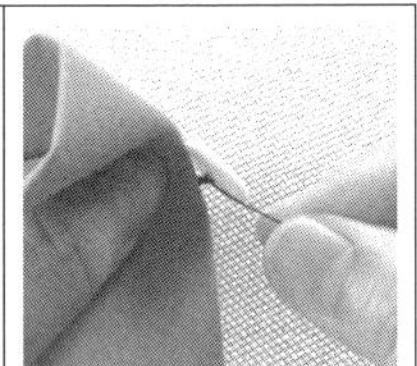
玉結びをして，布の裏から針を刺し，ボタンの左側の穴に通す。	ボタンと布の間に約3mmのすき間を残し，ボタンの付け位置の布を約2mmすくいながら3，4回穴に通す。	糸は，ボタンと布の間に出す。	上から巻き降ろすように，糸を4，5回固く巻く。 針を布の裏に出し，玉どめをする。

図8-27　ボタン付けの方法

ボタンと布の間につくるすき間を「糸足」という（図8-28）。糸足は，ボタンのかけはずしを容易にする利点があり，丈夫にするために，すき間に糸を巻きつける。

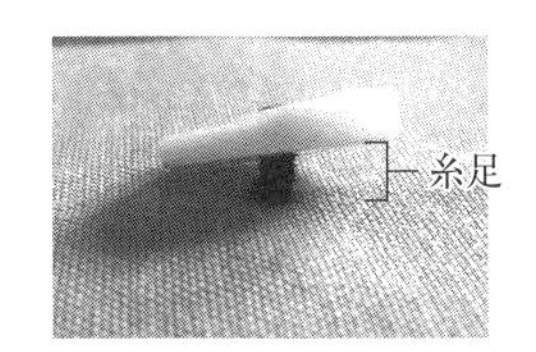

図8-28　糸足

⑨まち針の打ち方

まち針は布のずれを防ぎ，作業効率を考えて打ち，安全に配慮して扱う。

まち針は最初，しるしに針を刺し，縫う方向に対して直角に，布を2〜3mmすくう（図8-29）。三つ折りにまち針を打つ場合は，折り山をしっかり留めるように打つ（図8-30）。布端のずれを最小限にするために，「端→端→真中」の順番で打つ。

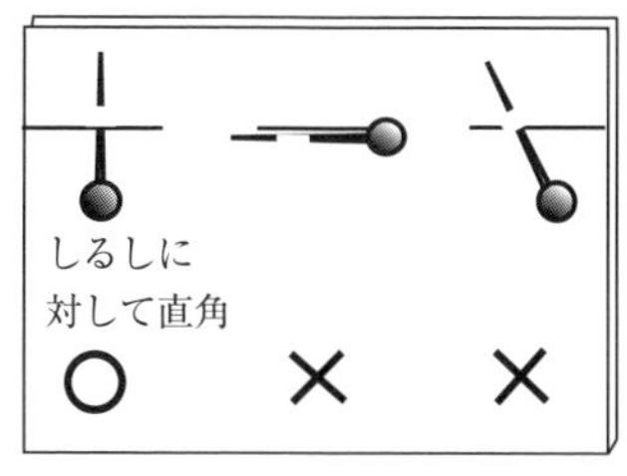

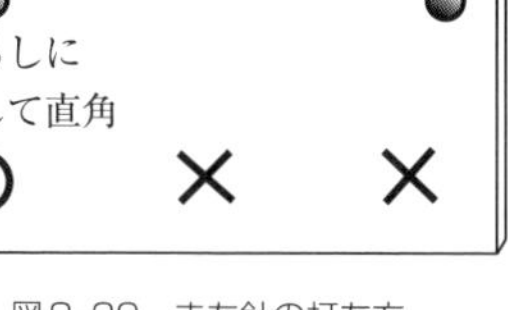

図8-29　まち針の打ち方

図8-30　三つ折りのまち針の打ち方

(3) ミシン縫いの指導のポイント

ミシンは手縫いより，丈夫で作業が速く，完成度の高い作品が製作できるため，児童の意欲を向上させるには良い機器である。しかしながら，児童の製作意欲を失う原因に，ミシンのトラブルによる作業の停滞が考えられる。そのため指導者は，授業の準備としてミシンの点検を必ず行い，製作中はトラブルに対して迅速に対応し，安全に配慮した指導をすることが大切である。

ミシンの各部の名称を，図8-31に表示する。

①ミシンの各部の名称（水平がまを使った家庭用ミシン）

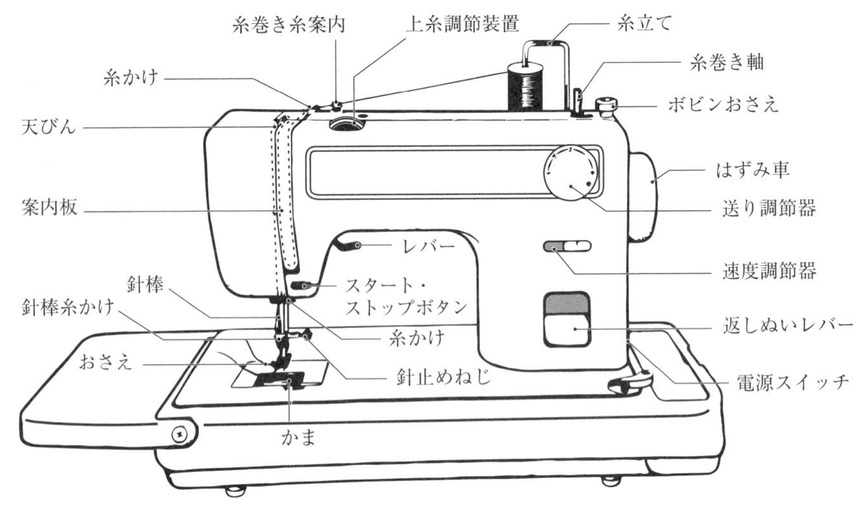

図8-31　ミシンの各部の名称
出所：『新編　新しい家庭5・6』東京書籍を参考に作成

②ミシンの扱い方

持ち運ぶときは，必ずカバーの金具がしっかりとまっているか確認し，ミシンの下を両手で持つようにする。コンセントにプラグを差し込み電源につなぐ。使用する直前に電源スイッチを入れ，終わったらすぐに切ることを習慣付けさせたい。コントローラーをつなぎ，踏み方の練習をさせる。足のかかとを床につけてつま先で踏むと，速度の調節がしやすい。スタート・ストップボタンで操作する場合は，速度調節器を動かすことで速度を変えることができる。ミシン針のつけ方は，ミシンによって異なるため取扱い説明書で確認する。

布は送り歯によって送られ，縫い進めることができる。布を強く押さえすぎてしまうと布が送られなくなり，糸絡みや針が折れてしまうこともあるため手は軽く添える。手を添える位置は，指が押さえの下に入り込まないように，縫うところから少し離し，右手と左手を前後にずらして置くと布が安定する。

③から縫い

本縫いの前に，から縫いをする。から縫いとは，ミシンの針に糸を通さないで縫うことで，ミシンの操作の手順を覚え，ミシンの速度や布の送られる様子を体験することができる。

④下糸・上糸の準備

ミシンには，水平がまのミシンとボビンケースを使用するものとがある。取扱い説明書にしたがって準備をする。児童は，下糸のボビンの巻き方，入れ方，上糸の通し方，下糸の出し方などでつまずくことが多い（表8-4）。

⑤本縫い

ミシン縫いは，布地に合わせて糸と針を選び，上糸・下糸調子の調節が大切である。針目の大きさは，送り調節ダイヤルを回して変えられる。数字が大きいほど針目が大きくなる。中肉地の布地を2枚重ねにして縫う場合，目盛りは2.5〜3（一目の長さ＝2.5〜3mm）が適当である。縫い始めと縫い終わりは1〜2cm重ねるように返し縫いをする。角を縫う時は，針を刺したまま押さえを上げ，布の向きを変えてから再び押さえを下ろし縫い始める。

⑥ミシンの不調とその原因と対策

作業中のミシンの不調は，児童の意欲の低下につながるため，その原因を見つけ出し，すぐに対処する必要がある（表8-5）。ミシンの故障が原因のこともあるが，上糸のかけ方や下糸のカマの入れ方が間違っていることも少なくない。児童にも資料等で作業の確認をさせると，解決できた時は自信につながる。

表8-4　下糸・上糸準備の指導のポイント

	つまずきの多い項目	指導のポイント
1	下糸のボビンの巻き方	糸は，左図の➡のように，ボビンの間から入れ，穴を通って外側に出す。
2	ボビンのカマの入れ方	水平ガマの場合，左図のみぞ㋑と㋺を通っていることを確認する。
3	天びんの上糸の通し方	天びんは，右から上糸を通す。
4	針穴の上糸の通し方	ミシンによって異なるため，正しい方向を確認する。
5	下糸の出し方	上糸を左手でピンと張るように持ち，はずみ車を手前に回し針を1回だけ下げ，次に針を上げると同時に上糸を少し強めに引き，下糸を引き出す。
6	縫い終わった後の布の引き出し方	押さえを上げ，布を向こう側へ引く時に，糸が絡みやすい。はずみ車を小さく前後に動かしながら布を引っ張る。

出所：『わたしたちの家庭科5・6』開隆堂を一部参考のうえ作成

表8-5　ミシンの不調とその原因と対策

不調内容	不調原因	対策
針棒が動かない	・電源スイッチが入っていない ・ボビンの糸巻き軸が元の位置に戻っていない ・カマの中にほこりや糸が詰まっている	・スイッチを入れる ・糸巻き軸を元の位置に戻す ・カマの中の掃除をする
針が折れる	・針どめのねじが緩んでいる ・針が曲がっている ・針の太さが布地に合っていない	・針をしっかり付け直す ・新しい針に取り換える ・針の号数を換える
上糸が切れる	・上糸のかけ方が違っている ・糸調子のナットが締まりすぎている ・糸立て棒に糸が絡まっている ・針のつけ方が正しくない	・上糸を正しくかけ直す ・糸調子のナットを緩める ・糸立て棒の糸絡みを取り糸の下にフェルトを敷く ・針を正しく付け直す
下糸が切れる	・ボビンにきれいに糸が巻けていない ・ボビンが正しくセットされていない	・ボビンに糸をきれいに巻き直す ・ボビンを正しく入れ直す
糸絡みがおきる	・押さえを下げずに縫った ・下糸を上に出さずに縫った	・はずみ車を軽く前後に動かしながら，絡んだ糸をピンセットで引き出して切る
縫い目がとぶ	・針の先が丸くなっている ・布地に対して，針と糸の太さが適当でない ・カマの溝に糸をかけていない（家庭用ミシン）	・新しい針に取り換える ・針の号数を換える ・下糸をカマの溝にかけ直す
布地が進まない	・送り調節ダイヤルの目盛りが0になっている ・送り歯やカマにほこりや糸が詰まっている	・ダイヤルを布地に適した目盛りにする ・板を外し糸くず等を取る

2. 物を入れる袋の製作

(1) サコッシュ

物を入れる袋の製作例として，サコッシュの作り方を紹介する。

サコッシュとは，フランス語でカバンや袋を意味する。もともとは，自転車のレースの際にドリンクや補給食などを入れていたショルダータイプのバッグが発祥と言われる。一般的に袋部分にマチがなく平べったいデザインで，必要最低限の収納量と中身の取り出しやすさを重視した簡易的な作りである。

【材料】
布……………………少し厚手の綿の布など
糸……………………ミシン糸，手縫い糸，しつけ糸
紐……………………20 ～ 25mm 巾
（長さは体に合わせて好みの長さにする）

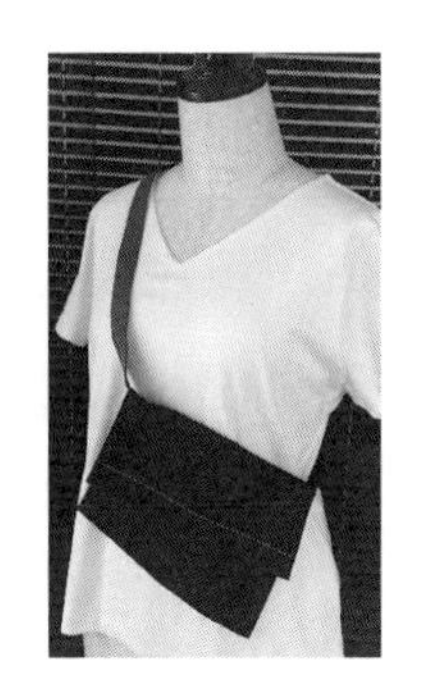
図8-32　サコッシュ着用時

①大きさを決め，型紙を作る。

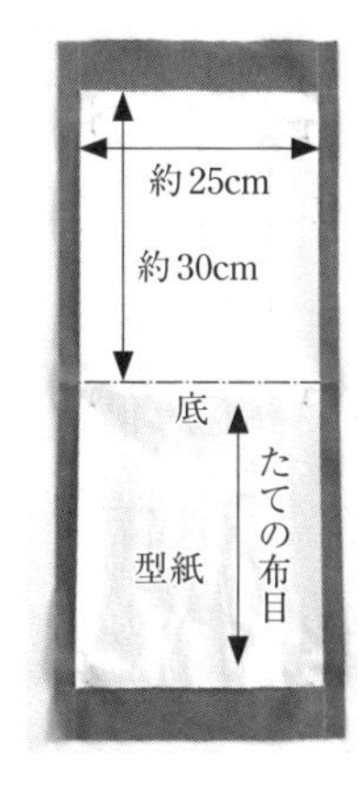

図8-33　型紙作り

②布を裁ち，しるしを付ける。

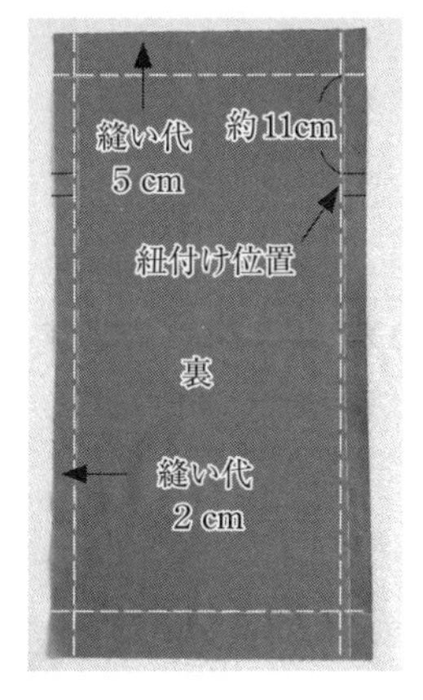

図8-34　しるし付け

③紐を仮どめする。
・紐がねじれないように，袋の表にまち針で紐をとめ，しつけをする。

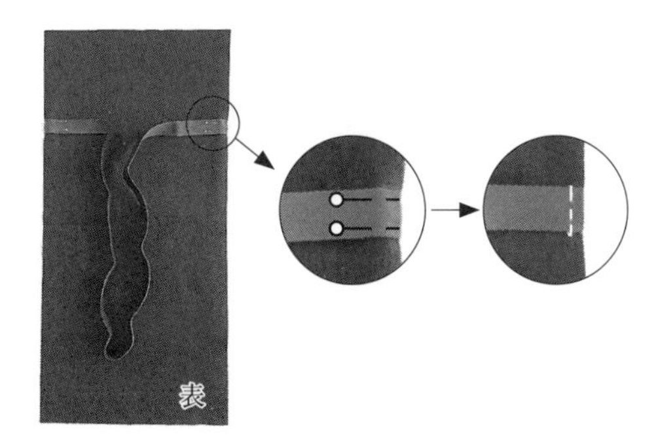

図8-35　紐の仮どめ

④わきを縫う。

・布を中表にして二つに折りまち針でとめる。

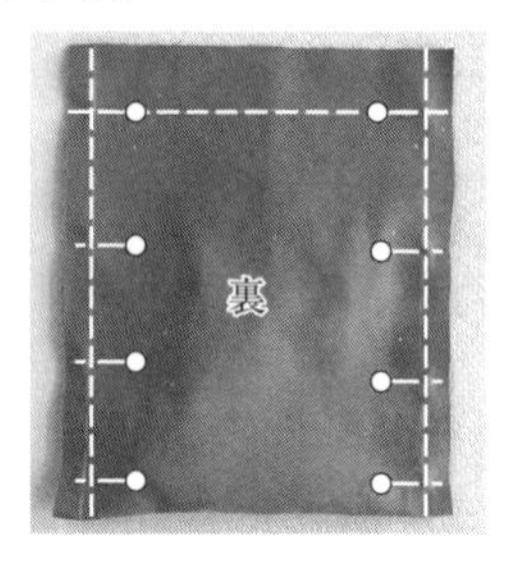

図8-36　わきのまち針の打ち方

・しるしの0.2～0.3cm外側にしつけをして，ミシンで縫う。

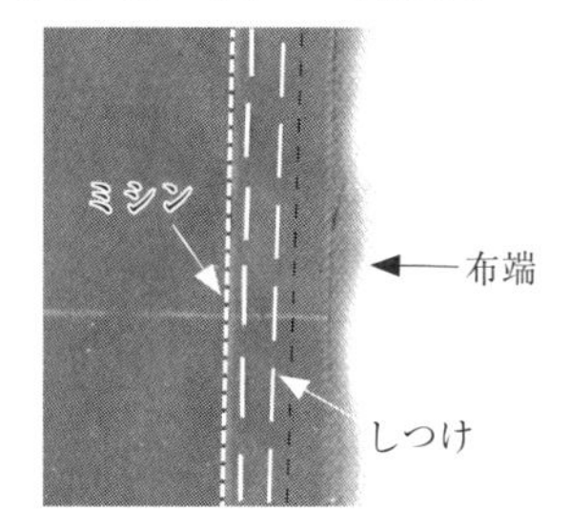

図8-37　しつけと本縫いの位置

⑤出し入れ口を三つ折りにし，ミシンで縫う。

・わきの縫い代を折る。

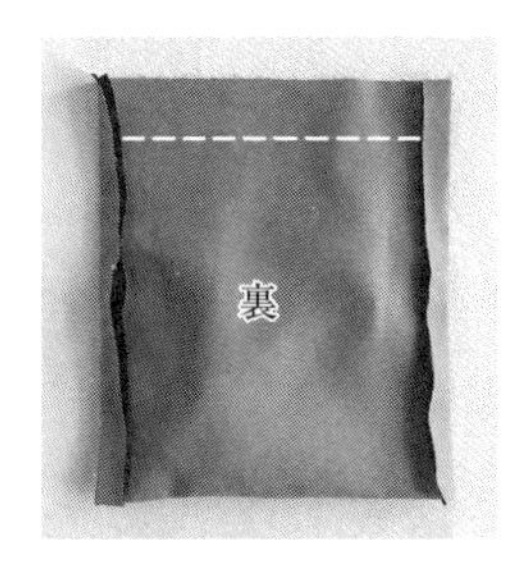

図8-38　わきの縫い代の折り方

・出し入れ口を三つ折りにして，まち針でとめ，しつけをする。

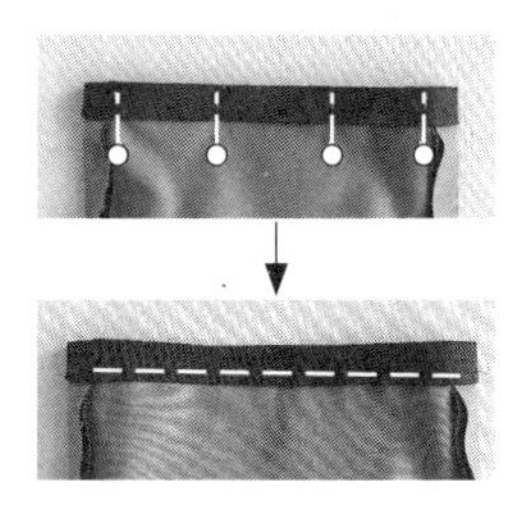

図8-39　三つ折りのまち針，しつけの仕方

・袋を表に返して，内側からミシンをかけるとかけやすい。

・ミシンは，目立たない袋のわきからかけ始め，終わりは2～3cm重ねて縫い，しつけをとる。

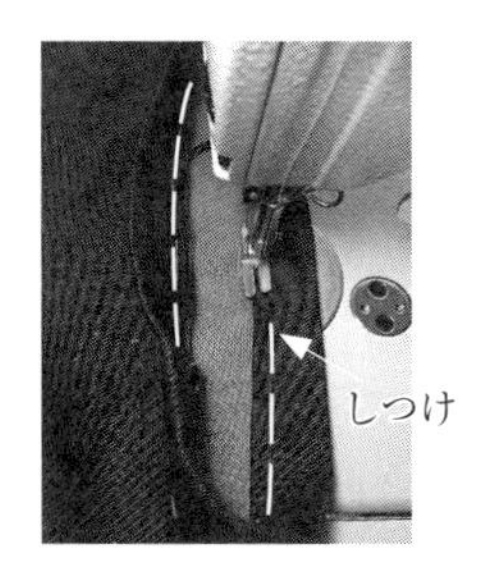

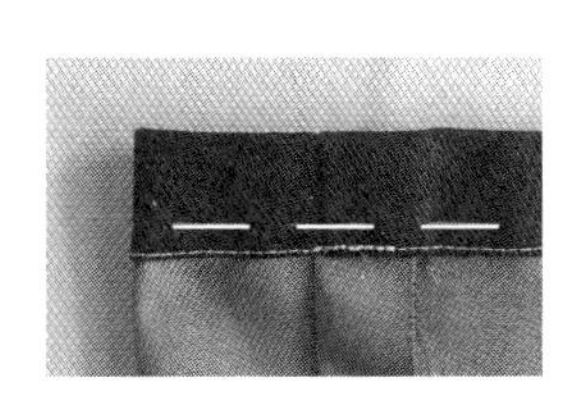

図8-40　三つ折り端ミシンのかけ方

⑥わきの縫い代をかがる。
＊進度の速い児童には，手縫いの復習として，かがり縫いを取り入れる方法もある。

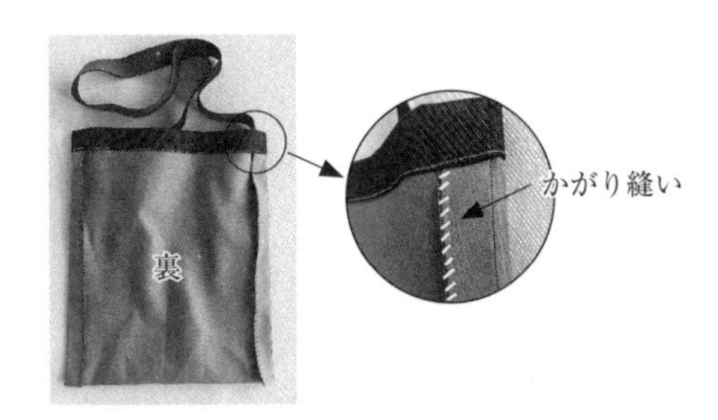

図8-41　わきの縫い代の始末の仕方

⑦仕上げをする。
・袋を表に返してアイロンをかけ，出し入れ口を折る。

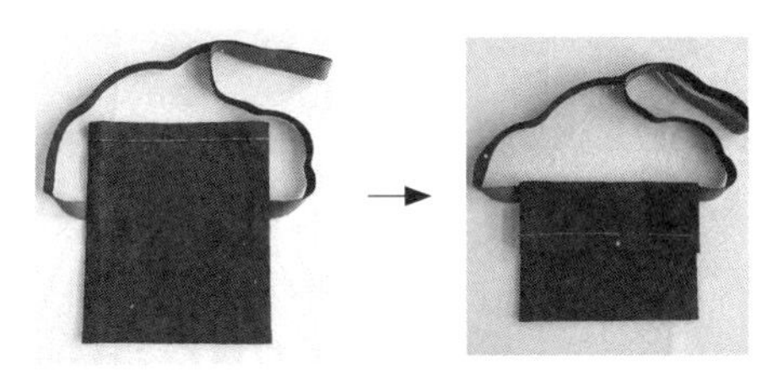

図8-42　完成したサコッシュ

⑧応用編
・無地の布にミシンで模様を付けてから縫製する。

・2種類の布を縫い合わせて作ることもできる（型紙のたての長さを半分にし，底の部分に縫い代2cmを付け，型紙を2枚作る）。

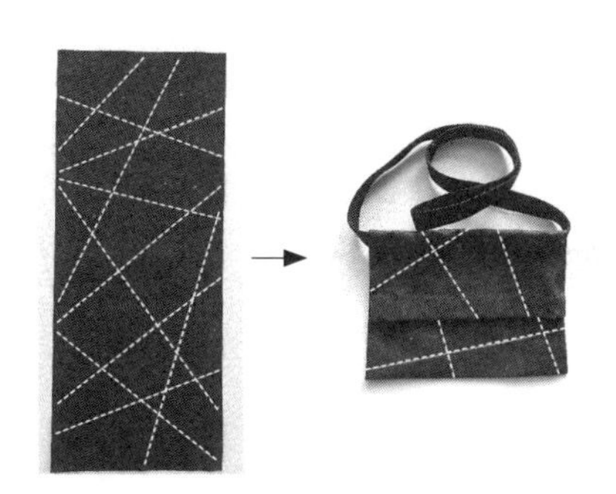

図8-43　ミシンで模様を付けたサコッシュ

図8-44　2種類の布地を使ったサコッシュ

(2) 巾着袋

小学校家庭科の教科書で実習例として掲載されている巾着袋の製作では、作品のできばえと共に、使いやすさや耐久性なども考慮した縫い方を指導するとよい。①大きさを決めるときは、物を出し入れしいやすいよう、ゆとり分を加える。②袋のたて方向には、布の伸びが小さいたて地を使用する。③中身の出し入れがしやすいようにあきをつくる。④両わきの縫い代は、縫い終わった後に割る（開くこと）。⑤紐を通しやすくするために、割った縫い代をミシンや手縫いで押さえておくとよい。⑥あき止まりは、ほつれやすいため往復して丈夫に縫うとよい。⑦出し入れ口（紐通し口）は、三つ折りにする。ほつれやすいため縫い始めと縫い終わりは、丈夫に縫う必要がある。ミシンで縫う場合は、１～２㎝返し縫いをする。手縫いの場合は、玉結びを三つ折りの中に隠すように針を入れ、糸を２回渡してから縫い始め、縫い終わりは糸を２回渡してから玉どめをする（図8-45、図8-46）。

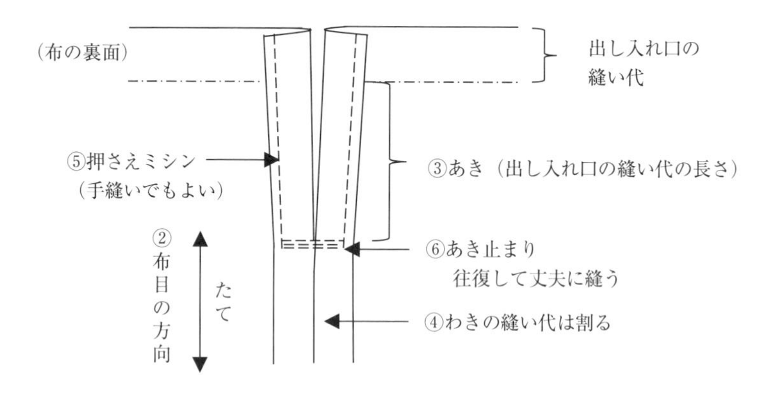

図8-45　巾着袋のわきの縫い代の始末の仕方

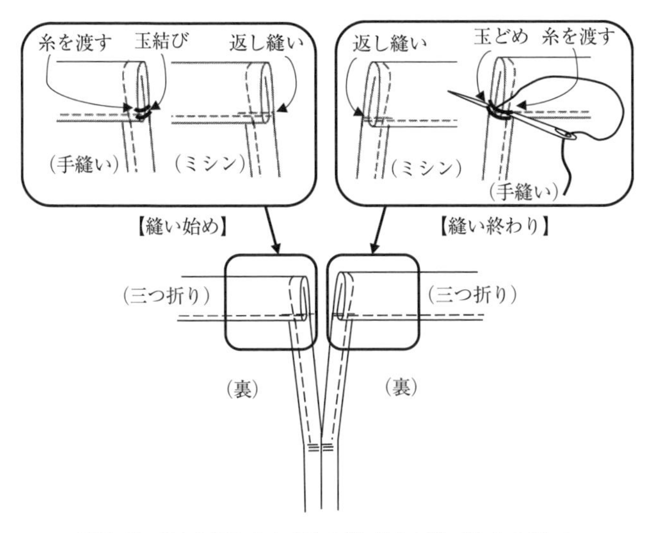

図8-46　出し入れ口の三つ折りの縫い始めと縫い終わりの縫い方

課　題

1. 日常着の快適な衣服の着方とはどのような着方なのか，季節や場面を想定し，実際に着用して検討しよう。
2. 自分の家ではどのような洗剤を使用し，洗濯をしているか調べ，衣服の新しい取扱い表示を確認し，洗濯の仕方を見直そう。
3. 手持ちのシャツのボタンを，好みのボタンに付け替えたり，ステッチを入れたりして，自分らしさを表現したシャツに作り替えよう。

参考文献

大竹美登利・倉持清美編著『指導力につなげる専門性の育成』萌文書林，2018年
JSDA日本石鹸洗剤工業会　https://jsda.org/w/index.html
消費者庁「新しい洗濯表示」https://www.caa.go.jp/policies/policy/representation/household_goods/laundry_symbols.html
文化服装学院編『服飾造形の基礎』文化出版局，2005年
山口庸子・生野晴美編著『衣生活論－持続可能な消費に向けて－』アイ・ケイ・コーポレーション，2014年

第9章

住生活

日本の住生活水準は，欧米諸国のそれに比べて低いといわれている。限られた条件の中で，質の高い住生活を実施するためには，基礎的・基本的な知識を習得していなければならない。本章では，住まいの機能，季節の変化に合わせた住まい方，そして，住まいの整理・整頓や清掃の仕方に関する基礎的な事項について学ぶ。

キーワード　住まいの機能　室内環境　整理整頓　清掃の仕方　日本の住文化

第1節　住まいの機能

人間は，雨・風等の自然条件や害虫等の外敵から逃れたいという基本的な欲求をもっている。住まいは，そのような人間の基本的欲求を満たすために自然発生的に生まれたものである。その後，住まいに対する欲求は次第に増え，現代社会に生きる私たちは，住まいの中で，食事，団らん，就寝，家事労働等，様々な生活行動を行いながら家庭生活を営んでいる。現代社会における住まいの機能は表9-1のとおりである。

表9-1　住まいの機能

機能	内容
生命と財産の維持	雨・風や暑さ・寒さを防ぐ等自然条件に対処し，害虫等の外敵の侵入を防ぎ，家族の生命と財産を守る。
健康の維持・休養	食事，入浴，就寝等により，家族の健康を維持する。

団らん・娯楽	個人あるいは家族相互の交流や娯楽等により心身の安らぎを確保する。
子どもの養育・老人の保護	子どもを育て，その人間形成の基盤を作る。また，老人の介護等をする。
家事労働	家族の生活を円滑に営むために，炊事，洗濯，掃除，金銭管理等を行う。

第2節　季節の変化に合わせた住まい方

日本の伝統的な住まいの最大の特徴は，高温多湿な夏を過ごしやすくするための工夫がなされている点にある。昔の住まいは天井も高く木造で隙間が多かったため自然換気で十分だった。隙間のおかげで暖房時に炭や練炭を使用しても一酸化炭素中毒になることはほとんどなく，家の壁の中も風通しがよいため室内外の温度差が少なく結露も発生しなかった。

また，日本の住まいは，国土が南北に細長く，温度や湿度，降雨量や積雪量，台風の接近頻度等が地域によって異なるため，屋根，壁，窓，床の構造や材料等，様々なところに地域ごとの工夫が認められる。表9-2は，一例として北海道と沖縄の住まいの特徴を示したものである。

表9-2　気候風土の違いによる住まいの例（北海道と沖縄の住居の違い）

北海道の住居	沖縄の住居
寒冷地住宅手法	亜熱帯住宅手法
冬の寒さを避けるために，壁や床に断熱材を用いたり，冷たい風が吹き込まないように二重玄関・二重窓にしたり，雪が積もらないよう屋根の傾きを急にする等の工夫がみられる。	夏の暑さを避けるために，壁の開口部や窓を大きくとったり，庇を大きくとって日差しを防いだり，高床にして床下にも風を通し湿気が抜けるようにする等の工夫がみられる。

近年，都市部を中心に気密性の高い住まいが増え，伝統的な日本家屋のよさや地域の特色は薄れつつあるが，循環型社会の構築に向けて環境に調和した新たなる住まいと住まい方の工夫が求められている。

1. 暑さ・寒さと住まい

室内環境の快適性は，気温，湿度，気流（風）に左右される。気温が高くても風があって湿度が低ければあまり暑く感じないし，気温が低くても風がなく湿度が高ければあまり寒く感じない。また，暑さ寒さの感じ方は，年齢や活動状況などによっても異なるため，温度や湿度の調節が必要である。温度や湿度の調節には，太陽光や風などの自然エネルギーを利用する方法（通風・換気，採光）と機械（冷暖房器具等）を用いる方法とがある。日本人は暑さ・寒さから逃れるために，可能な限り自然エネルギーにたよりながら衣服の着方や住居の住まい方に工夫を重ねて暮らしてきた。

高温多湿の日本の夏を，少しでも快適に過ごせるようにと先人たちが編み出した生活の知恵の一つが，吊るす「簾(すだれ)」と，立てかける「葦簀(よしず)」である。どちらも，見た目が涼しげなだけでなく，遮光をしながら，隙間から涼風を取り込んでくれる。

2. 通風・換気

日本では伝統的に，高温多湿の気候に合わせて，風通し（通風）の良い住まいがつくられてきた。私たちはしばしば窓を開けて風を通し，台所や浴室は換気扇を回す。前者を自然換気，後者を機械換気（強制換気）という。近年の日本では気密性の高い住まいが増えたことから，自然換気が難しく，機械を用いて外気の影響を受けない室内環境を人工的につくりだすケースが増えている。

通風とは，空気の流れによって室温上昇を抑制する自然換気を言い，換気とは，汚染物質，熱，水蒸気などによって汚れた室内の空気を外気と入れ換え，室内の衛生環境を維持するためのものである。自然の風を利用して室内の空気を入れ換えるには，風上側と風下側の開口部を対面する位置に設けて通風を図り，涼をとる方法がある。必要に応じて，通風や換気ができるよう，住まいの中に空気の通り道を確保する必要がある。

特に注意が必要なのは，石油やガスを使用する暖房器具を用いる場合である。その場合部屋を閉め切ったまま換気をしないで使用すると酸素が不足して一酸化炭素が発生し，人体に害を及ぼすことがある。開放的で隙間の多い伝統的木造住宅に比べ気密性の高い現代の住まいでは，意識的・積極的に換気を行わなければならない。

3. 採光

採光とは，室内環境を調整するために，外部から太陽光をとり入れることをいう。太陽光には，採暖，乾燥，殺菌・消毒などの物理的な役割に加え，精神的な効果・効用も認められる。採光は換気同様，室内の衛生環境維持に欠かせない行為である。ただし，採光の効用が得られるのは太陽の昇っている日中のみである。しかし，太陽の出ていない日中や夜間にも人間は活動するので，人工照明と併用するのが一般的である。

人工照明の器具には，表9-3に示すように，白熱電球，電球型蛍光ランプ，LED電球がある。一般住宅においては，表9-4に示すように，目的に合わせた採光基準（JIS）が定められている。なお，学校の教室は，学校保健安全法により一般住宅とは異なる学校環境衛生基準（文部科学省）が設けられており，教室は常に300lx以上の明るさが必要とされている。

表9-3　白熱電球，電球型蛍光ランプ，LED電球の比較

	白熱電球	電球型蛍光ランプ	LED電球
価格	100～200円程度	700～1200円程度	1000～3000円程度
寿命	1000時間	6000～10000時間	40000時間
特徴	・安価	・省電力（白熱電球の約1/4）・ ・長寿命（白熱電球の6～10倍）	・省電力（蛍光ランプの約3/4） ・長寿命（蛍光ランプの4～7倍）

注）白熱電球60W相当品での比較。LED電球は昼白色相当。

出所）商務情報政策局情報通信機器課「LED照明産業を取り巻く現状」経済産業省，2012年

表9-4　一般住宅内の目的にあった明るさ（JIS照明基準による）

作業内容・場所		照度
手元	食事・調理	200～　500lx
	勉強	500～1000lx
	手芸・裁縫	750～2000lx
部屋全体	居間・廊下	30～　75lx
	勉強部屋	75～　150lx

注）lx(ルクス)とは明るさ（照度）を表す単位。

4. 音

近年，日常生活で生じる身近な物音を不快に感じる人が増えている。生活騒音に対しては環境基本法において環境基準（環境省）が定められており，住居用の地域における騒音の上限は昼間で55dB，夜間で45dB程度である。dB（デシベル）は音の大きさを表す単位であり，数値が大きいほど音が大きいことを表す。人の話し声でも，時と場合によっては騒音源になる。ちなみに，日常的な人の話し声は50～61dB，大声の場合は88～99dB程度である。

家庭用設備や家庭用機器，音響機器の音が騒音になることもある。例えば，エアコンの音はおおよそ41～59dB，洗濯機の音は64～72dB，掃除機の音は60～76dB，ピアノの音は80～90dB，テレビの音は57～72dBである。その他，犬の鳴き声はおおよそ90～100dB，子どものかけ足で生じる音は50～66dB，布団をたたく音は65～70dBである（環境省「生活騒音の現状と今後の課題」より）。

生活騒音は人間の活動に伴って発生するものなので，完全になくすことは難しい。しかし，①時間帯に配慮する，②音がもれない工夫や音を小さくする工夫をする，③音の小さい設備や機器を購入し利用する，そして，④地域や集合住宅内での共同生活のルールを確認し守る等で和らげることは可能であろう。

第3節　住まいの整理・整頓や清掃の仕方

一般に，住居は高価な買物であるため，確保できる居住面積には制約がある。そこで，限られた住まいを生活の場としての機能が十分果たせるように計画し，有効活用することが必要となる。表9-5は，住空間で行われている生活行為を，その性格と内容によって分類したものである。住空間の有効利用の程度により居住性は大きく左右する。例えば和室は，多くの用途に使い回すことができ，座卓と座椅子を置けば居間や客間に，座卓と座椅子を片付けて布団を敷けば寝室になる。限られた空間を有効利用する日本人の生活の知恵である。

表9-5　生活空間の分類

空間の名称	生活行為	場所
1　共同生活空間	団らん，食事，接客等	居間，食堂，応接間等
2　個人生活空間	睡眠，休養，勉強等	寝室，書斎，子ども部屋等
3　家事作業空間	調理，洗濯等	台所，家事室，洗濯場等
4　生理・衛生的空間	入浴，排泄，洗面等	浴室，便所，洗面所等
5　通路空間	通路，出入り等	廊下，玄関，階段等
6　収納空間	収納，保管等	押入れ，納戸等

1．整理・整頓の仕方

日本の住宅事情では，収納空間を十分確保することは容易ではない。限られた収納で快適に生活するためには，整理・整頓が不可欠である。整理・整頓とはきれいに設置することではなく，「必要なモノ」と「必要でないモノ」を分けて，「必要でないモノ」を処分し，「必要なモノ」を使いやすいように設置することである。「必要でないモノ」は直ちに廃棄するのではなく，可能な限り有効利用（リユース，リサイクル等）を考えたい。整理・整頓の目的は，①空間の有効利用，②危険防止，③住まいの清潔さの維持，④ものの出し入れの効率化，⑤死蔵品（長期にわたり使用していないもの）の有効利用にある。

2．清掃の仕方

掃除は家族が健康な生活を送るために必要不可欠な家事労働の一種である。汚れがついたり埃がたまったりすると気持ちが悪いだけでなく，カビやダニが発生し，アレルギーの原因になることもある。

住まいの汚れのほとんどは，油汚れ等の「酸性」の汚れか水垢等の「結晶性」の汚れである。酸性の汚れにはアルカリ性の洗浄剤を，結晶性の汚れには酸性の洗浄剤を用い，前者は中和させて落とし，後者は結晶をゆるませて磨き落とす。この他に埃等の固体の汚れがある。掃除の際には汚れの種類に対応した洗剤を用いるのが効果的である。

合成洗剤には，表9-6に示すように，その液性から中性，酸性，アルカリ性がある。液性とは，溶液中の水素イオン濃度（pH）のことで，pHは0～14まであり，pH＝7付近を「中性」，それ以下を「酸性」，それ以上を「アルカリ性」という。酸やアルカリが強いほど汚れは落ちやすくなるが，肌や材質にダメージを与えやすい。

洗剤の取扱いにおいて特に注意が必要なのは，塩素系漂白剤と酸性タイプの洗剤を混ぜると人体に有毒な塩素ガスが発生するという現象である。塩素系漂白剤や酸性タイプの洗剤のうち，定められた試験を実施して，1.0ppm以上の塩素ガスが発生する製品には「混ぜるな危険」と記載することが家庭用品品質表示法により義務付けられている。

表9-6　液性別洗剤特性

pH	液性	長所	短所	汚れの種類
0～3	酸性	・水汚れに対する効果が高い。	・皮膚や目に与える刺激が強い。 ・材質に与えるダメージが大きい。	・水垢 ・石鹼かす等
3～6	弱酸性		・皮膚や目に与える刺激がやや強い。	・湯垢 ・軽い石鹼かす等
6～8	中性	・比較的安全性が高い。 ・材質へのダメージが少ない。	・他と比較すると洗浄力が弱い。	・付着後長時間経過していない軽い汚れ
8～11	弱アルカリ性		・皮膚や目に与える刺激がやや強い。	・普通の汚れ ・皮脂汚れ
11～14	アルカリ性	・油汚れに対する効果が高い。	・皮膚や目に与える刺激が強い。 ・材質に与えるダメージが大きい。	・しつこい油汚れ ・しみ

なお，近年見直されている掃除方法にナチュラルクリーニングがある。表9-7に示すように，合成洗剤を用いずに，重曹や酢等の自然の素材を利用して掃除をする方法である。

表9-7　ナチュラルクリーニング

重曹	アルカリ性	酸性の汚れをアルカリ性の重曹で中和して汚れを落とす。重曹は粒子が細かく傷もつきにくいので，クレンザーの代わりに用いることもできるが，アルミ素材に用いると黒く変色してしまうので注意が必要である。重曹には純度の違いにより服用できるものとできないものがある。
酢	酸性	石鹼かすや水垢などのアルカリ性の汚れを取るのに適している。冷蔵庫の中を酢水で拭くと脱臭，殺菌，防腐，防カビ効果が期待できる。米酢，りんご酢などは使えるが，調味酢は使えないので注意が必要である。

掃除の基本は，「はたく」「掃(は)く」「拭く」「磨く」のシンプルな動作である。汚れの性質や汚れがついてからの経過時間などを見極め，安全で効率の良い掃除方法を選択したい。

第4節　指導における留意点

「住生活」の学習は，ハードウエアとしての住居について学ぶものではない。住居を家族を取り巻く生活環境の一部として捉え，身の回りの整理・整頓，清掃等についての実践的・体験的な学びを通して知識と技能を養い，それらを用いて課題を解決し，住まいを健康的で快適かつ安全で豊かなものにすることが期待されている。内容の指導に当たっては，季節の変化に応じた日常着の快適な着方（衣生活），家庭生活と仕事及び家族や地域の人々との関わり（家族・家庭生活），環境に配慮した生活（消費生活・環境）などとの関連を図って扱うよう計画する必要がある。

小学校では住居の機能のうち，「風雨，寒暑などの自然から保護する働き」を中心として扱う必要があり，住生活の機能についての学習を通して住生活の大切さに気付かせるようにしたい。また，中学校で扱っていた「音と生活との関わり」が小学校の内容となったことから，例えば，学校内の音を測定して音の大きさを体感的に理解させたり，快適な音と不快な音の違いを実験的に理解させたりする活動が求められている。

季節に合わせた住まい方については，住居の機能と関連付け，四季に合わせた暑さ・寒さへの対処の方法や通風・換気，採光，音と生活の関わりについて，相互に関連付けながら理解させ，実際の生活に還元できる力を育てたい。さらに，ここでは住生活文化の大切さに気付かせることも求められている。例えば，家族や地域の高齢者へのインタビューを通して，日本の生活文化や昔ながらの日本人の生活の知恵に気付かせる活動等が考えられるだろう。そして，私たちが健康的で快適かつ安全に暮らすためには，住まいの整理・整頓や清掃が不可欠であることを理解させ，整理・整頓や清掃等を適切に実行できるよう支援したい。

なお，住生活の学習に際しては，児童の住まいに係るプライバシーへの配慮が必要とされる。

課　題

1. 住まいが突然なくなってしまったと仮定し，困ることを整理しよう。そして，人間にとって住まいとは何かについて考えよう。
2. 真夏と真冬を快適に過ごすための住まいの工夫の仕方を整理し，比較しよう。
3. 家庭科教室の整理・整頓や掃除の計画を立てよう。使用する掃除用具や洗剤についても考えよう。

参考文献

池﨑喜美惠編著『教科指導法シリーズ　小学校指導法　家庭』玉川大学出版部，2011年
商務情報政策局情報通信機器課「LED照明産業を取り巻く現状」経済産業省，2012年
大気保全局特殊公害課「生活騒音の現状と今後の課題」環境省，1983年
環境改善部規制指導課「「考えよう　生活騒音」ルールを守って，静かな環境」東京都環境局，2002年
溝淵木綿子『住まいの管理手帳』住宅金融普及協会，2008年
福祉士養成講座編集委員会編『新版　介護福祉士養成講座⑧/第4版家政学概論』中央法規出版，2007年
文部科学省『小学校学習指導要領（平成29年告示）解説　家庭編』東洋館出版社，2018年

第10章

消費生活と環境

持続可能な社会の構築に寄与できる自立した消費者を育成するために，買物の仕組みや消費者の役割，消費生活や環境に配慮した生活の仕方に関する内容や学習活動が強化された。本章では，買物の仕組みと売買契約の基礎，消費者問題と消費者保護制度，消費者の権利と責任，購買意思決定と情報，そして，環境に配慮した生活に関する基礎的な事項を学ぶ。

キーワード　売買契約　消費者問題　消費者の権利と責任　消費者情報　環境配慮型生活

第1節　買物の仕組みと売買契約の基礎

商品を買ったりサービスを利用したりするのも契約の一種である。消費者と事業者（販売業者）との間で商品の内容や価格，引き渡し時期などについてお互いが合意すれば売買契約は成立する。契約は「法的な責任が生じる約束」なので，お互いに守らなければならない。

売買契約が成立した場合，図10-1に示すように事業者側（販売業者側）には「代金を受け取る権利」と「商品を渡す義務」が，消費者側には「商品を受け取る権利」と「代金を支払う義務」が生じる。契約書やサイン（印鑑）は証拠を残すためのものであり，たとえ口約束でも契約は成立する。

近年，パソコンや携帯電話のインターネットを介して買物をする機会が増えている。いわゆるインターネット・ショッピングは通信販売の一種で，お店に行かなくても商品を入手できるので便利だが，実物を見ずに広告だけで判断しなくてはならないため「注文した後に気が変わった」「実物が広告を見てイメー

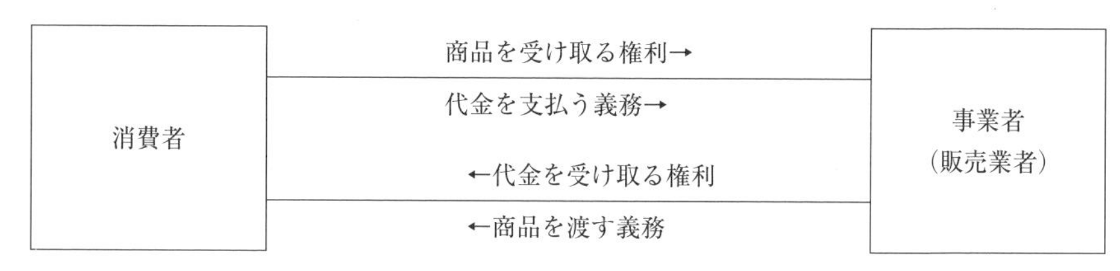

図10-1　売買契約における権利と義務の関係

ジしていたものと違った」等の理由で返品や解約を申し出てトラブルになるケースが少なくない。インターネット・ショッピングの場合は，店舗での買物と異なり，消費者が申込みボタンをクリックした時点で契約が成立するわけではなく，事業者（販売業者）から承諾の通知が届いた時点で契約が成立する。

第2節　消費者問題と消費者保護制度

1．消費者問題の種類と原因

消費生活を営むために購入した商品や利用したサービス及びその取引をめぐって生じる消費者の生命・身体・健康に及ぼす被害または経済的損失を消費者問題という。具体的には「おもちゃで遊んでいたら部品がはずれて目に当たり怪我をした（安全をめぐる問題）」,「購入した商品のパッケージに書かれていた表示と中身が違った（表示をめぐる問題）」,「大げさな広告につられて欲しくないものを法外に高い値段で買ってしまった（売買契約をめぐる問題）」等がある。

近年，国民生活センター（国の機関，独立行政法人）や全国の消費生活センター・消費者センター（各都道府県，市町村の行政機関）に寄せられる苦情のうち売買契約をめぐる問題の占める割合が高く，消費者問題が生じる最大の原因は，事業者（販売業者）と消費者の間の専門知識や情報量等の格差と言われている。

表10-1は，若者がトラブルに巻き込まれやすい問題商法の例である。

表10-1　若者が巻き込まれやすい問題商法

キャッチセールス	街頭アンケートなどで呼び止め，営業所などに連れて行き，断れない雰囲気をつくって契約させるものである。
マルチ商法	「他人を勧誘するとマージンがもらえてあなたが儲かる」と言って勧誘し入会させるが，最終的に行き詰まって破綻する商法である。インターネットを利用したマルチ商法が増加傾向にあり，手口が複雑・巧妙化している。

2. 消費者問題と法

民法は消費者と事業者が対等であることが前提とされているので消費者問題を解決する手段にはなりにくい。そこで，現実に存在する消費者と事業者間の格差を前提とした消費者保護を目的とする法律が制定されている。表10-2は，代表的な消費者保護のための法律である。それに加え，特定商取引に関する法律等事業者を規制することによって間接的に消費者の利益を保護する形式の法律もある。以下に，消費者問題の解決に有効な代表的な法律や制度を紹介する。

表10-2　消費者保護のための法律

消費者基本法	消費者保護基本法（1968（昭和43）年制定）を大幅に改正し，2004（平成16）年に新設された消費者政策・行政の指針を規定する法律である。新たに理念規定（第2条）を置き，消費者の権利の尊重と自立支援を消費者政策の柱に据えたものである。
消費者契約法	消費者契約に関するトラブルが急増する中で，総合的な消費者被害の防止・救済策の確立を目的として2001（平成13）年4月に施行された法律である。
製造物責任法	製造物の欠陥により人の生命，身体または財産に被害が生じた場合，製品の欠陥を証明することにより，その製品の製造者に対して損害賠償責任を負わせることを定めた1995（平成7）年に施行された法律である。

(1) 未成年者取消権

未成年者は民法により保護されており，未成年者が両親等法定代理人の同意なく契約した場合，本人や法定代理人が後から取り消すことができる。しかし，未成年でも小遣い等法定代理人（両親等）が許可した範囲内での買物や未成年者が成年と偽って結んだ契約等は取り消すことができない。未成年者がインターネット・ショッピング等の通信販売を利用する場合は対面販売ではないため特に注意が必要である。なお，約140年ぶりに成年の定義が見直され，2022（令和4）年4月より現行の20歳から18歳に引き下げられる。

(2) クーリング・オフ制度

クーリング・オフとは「頭を冷やす」という意味で，一定期間内であれば消費者から一方的に無条件で契約を解除できる制度のことである。訪問販売やキャッチセールス等不意打ち的に勧誘されて契約をしてしまった場合の他，マルチ商法（連鎖販売取引）等にも認められている。

クーリング・オフの通知は必ず「書面」で行い，訪問販売やキャッチセールの場合は契約書を受け取った日を含めて8日以内，マルチ商法（連鎖販売取引）の場合は20日以内に発送する必要がある。期間内に発送すれば書面の到着は期間を過ぎていてもよい。事後のトラブルに備え，内容証明郵便を用いる等，発送した期日を証明できるようにしておくのが望ましい。なお，消費者と事業者間でした契約は，「消費者契約法」によって消費者の利益擁護等がはかられており，クーリング・オフが適用できないトラブルであっても勧誘状況によっては消費者を救済できる可能性がある。

(3) 消費者契約法

消費者契約法とは，消費者と事業者（販売業者）との間で結んだ契約から生じたトラブルに対し，両者に「情報量」や「交渉力」に格差があることを考慮して，事業者側の不適切な勧誘行為で結んだ行為を取り消したり，消費者の権利を不当に害する契約条項を無効としたりする法律である。主な事業者側の不適切な勧誘行為は，表10-3に示すとおりである。

表10-3　事業者の不適切な勧誘行為

不実告知	商品やサービスの内容・質・効果・用途・価格など，契約する際に重要とされる事項について嘘の説明をして消費者を誤認させること。
不利益事実の不告知	契約する際に重要とされる事項について消費者に不利益な点を故意あるいは重大な過失により告げないこと。
断定的判断の提供	絶対に儲かるなど将来の不確実なことを断定的に示し消費者に誤認させること。
不退去・退去妨害	事業者が消費者の自宅等に居座り帰らなかったり，事務所等で消費者の帰りたいという意思を無視したりする状態のこと。

また，消費者の権利を不当に害する契約条項とは，例えば「スポーツクラブの中で発生した事故については，当クラブでは一切責任を負いません」というように消費者が一方的に不利益を被る免責条項等を指す。

(4) 返品特約制度

実物を見ずに注文をするインターネット・ショッピングを含む通信販売には，トラブルを防止するために返品に関する特約が設けられている。ただし，事業者（販売業者）は法律により返品を受けることが義務付けられているわけではなく，サイトごとに返品特約として，返品の可否や返品可能な場合はそのルールを掲載するよう求められている。また，通信販売広告に返品特約についての記載がない場合は，商品の到着後８日以内であれば，送料自己負担での返品が可能である。なお，インターネット・ショッピングを含む通信販売は，不意打ち的な勧誘を受けるものではないのでクーリング・オフ制度の適用はない。

第3節　消費者の権利と責任

消費者トラブルに巻き込まれることなく快適な消費生活を送るためには，法律や制度を理解するだけではなく消費者としての自覚が必要である。消費者の権利と責任については，表10-4に示す1962（昭和37）年に米国のケネディ大統領が提唱した「消費者の４つの権利」や1975（昭和50）年にフォード大統領が追加した「消費者の５つ目の権利」，さらには，国際消費者機構（1960（昭和35）年に設立された消費者団体の国際的組織）が1983（昭和58）年に提唱した「消費者の8つの権利と5つの責任」が参考になる。

そして，消費者の権利と責任を示す具体的な行動の一つに「経済的投票行動」という重要な概念がある。特定の企業がつくる商品を買ったりサービスを利用したりする行動は，一般的な選挙同様，消費者の意見の表明と同じ意味をもち，「買う」という選択によって特定の企業を応援することもできるし，「買わない」という選択によって悪質な企業や製品を市場から排除することができるという考え方である。

表10-4　国際消費者機構の消費者の8つの権利と5つの責任

消費者の権利		消費者の責任
1　安全を求める権利 2　知らされる権利 3　選ぶ権利 4　意見を聞いてもらう権利	ケネディ大統領の4つの権利	1　商品について問題意識をもつ消費者になるという責任 2　自ら主張し，公正な取引を得られるよう行動する責任 3　自らの消費行動が社会に与える影響を自覚する責任 4　自らの消費行動が環境に及ぼす影響を自覚する責任 5　消費者として団結し，連帯する責任
5　消費者教育を受ける権利	フォード大統領の5つ目の権利	
6　生存するために必要な基本的な商品を得る権利 7　損害に対する補償または救済措置を享受する権利 8　健全な環境を享受する権利		

第4節　購買意思決定と情報

1．消費者を取り巻く環境

現代社会に生きる私たちは，家庭生活を営むのに必要な生活手段のほとんどを市場における商品の中から選択し購入しなければならない。しかし，それら多種多様な商品の中から，適切な商品を選択するのは容易ではない。なぜなら，身近にある食品を一つ例にとっても分かるように，工場で製造・加工される新しい製品が増え，親から子への生活経験の伝承だけでは商品選択が困難になったからである。このような社会では，商品に付与されている表示やマークを読み取る力が必要である。

また，生活に必要な商品を購入したりサービスを利用したりするにはお金が必要である。たいていの場合お金は家族が働いて得た収入であり予算は限られている。限られたお金を有効に使うためには金銭管理が重要である。クレジットカードや電子マネーなどの登場により支払い方法も多様化し，金銭管理は一層複雑なものとなっている。さらに，インターネットや宅配便の普及により，販売方法も多様化している。現代の消費社会においては，商品の選び方，買い方，金銭の管理の仕方が生活の質を左右すると言っても過言ではない。

2. 購買意思決定とは

トラブルに巻き込まれることなく，限られた条件の中で最大の幸福が得られる快適な消費生活を送るためには，買物の際に合理的な意思決定を行う能力が必要である。表10-5は，購買意思決定プロセスの一例であるが，購買意思決定はマスコミや口コミの影響を受けやすく情緒的になる傾向にあるので，意思決定プロセスの理解に加え，事前にメモ等を準備した上で計画的に行動し，さらに，万が一のトラブルに備えレシートなどを一定期間保管しておく等の慎重な態度が求められる。

表10-5　購買意思決定プロセス例

Step1	購入したいと思う商品が健康で文化的な最低限度の生活に必要な商品（needs商品）であるか，あるいは生活のために必要不可欠というほどではないが生活に潤いをもたせるために欲しいと思う商品（wants商品）であるかを見定める。
Step2	「購入する」という選択肢の他に「購入しない」ですますことも含めた代替案を客観的に複数提示する。
Step3	提示された複数の代替案一つ一つについて，必要な情報を収集する。
Step4	代替案一つ一つの長所と短所を明確にする。
Step5	以上の作業を踏まえ，すべての代替案に優先順位を付け，その中から優先順位の高いものを選択する。

3. 購買意思決定に必要な情報

合理的な購買意思決定を行うには，商品やサービスの内容，購入する場所や支払い方法の長所と短所等についても事前に十分理解しておく必要がある。

(1) 商品の表示やマーク

工場の中で製造・加工され，事前に包装された商品（プリパッケージ商品）の品質や安全性を知る手がかりになるのが法律や事業者団体等により品質や安全性を保証された表示やマークである。身近な食品には賞味期限（おいしく食べられる期限）や消費期限（安全に食べられる期限）表示が，衣服にはサイズ，素材，洗濯の仕方やアイロンのかけ方等の取扱い絵表示が表示されている。表10-6に商品選択に有効なその他の代表的な商品のマークを示す。

表10-6　商品のマーク

マーク	名称	意味
	JISマーク	JISマークは，工業標準化法に基づき認証を受けた製品又はその包装等に表示されるものである。
	JASマーク	JASマークは，品位，成分，性能等の品質についてのJAS規格（一般JAS規格）を満たす食品や林産物等に表示されるものである。
	SGマーク	SGマークは，Safety Goods（安全な製品）の略号で，一般財団法人製品安全協会が，構造・材質・使い方などからみて，生命又は身体に対して危害を与えるおそれのある製品について，安全基準に適合していると認められた商品に表示されるものである。SGマーク付きの製品が原因で人身事故が生じた場合の賠償措置が設けられている。
	STマーク	STマークはSafety Toy（安全な玩具）の略号で，一般社団法人日本玩具協会の玩具安全基準，機械的安全性，可燃安全性，化学的安全性のST基準適合検査に合格した製品に表示されるものである。STマーク付きの玩具で事故が生じた場合の賠償責任補償共済制度が設けられている。
	SFマーク	SFマークはSafety Fireworks（安全な花火）の略号で，公益社団法人日本煙火協会が行う検査に合格した国内を流通する国産・輸入品のおもちゃ花火に表示されるものである。
	PSCマーク	PSCマークは，消費生活用製品安全法の基準に適合した製品に表示されるもので，消費者の生命・身体に対して特に危害を及ぼすおそれが多い製品については，PSCマークがないと販売できず，マークのない製品が市場に出回った時，国は製造事業者等に回収等の措置を命ずることができる。PSCは，Product Safety of Consumer Productsを略したものである。
	エコマーク	エコマークは，ライフサイクル全体を考慮して環境保全に資する商品に表示されるものである。ISO（国際標準化機構）の規格に則った第三者認証による環境ラベル制度である。
	JADMAマーク	JADMAマークは，公益社団法人日本通信販売協会の入会審査を通り，正会員となった事業者が使用することのできるマークである。

なお，通信販売で購入する場合は実物を手に取って見ることができず広告で判断しなくてはならないため，誇大広告が禁止されている他，表10-7に示すように広告に表示しなくてはならない事柄が義務付けられているので参考にしたい。

表10-7　通信販売表示義務事項（インターネット・ショッピング含）

1	販売価格（役務の対価）（送料についても表示が必要）
2	代金（対価）の支払い時期，方法
3	商品の引渡時期（権利の移転時期，役務の提供時期）
4	商品（指定権利）の売買契約の申込みの撤回又は解除に関する事項（返品の特約がある場合はその旨含む。）
5	事業者の氏名（名称），住所，電話番号
6	事業者が法人であって，電子情報処理組織を利用する方法により広告をする場合には，当該販売業者等代表者または通信販売に関する業務の責任者の氏名
7	申込みの有効期限があるときには，その期限
8	販売価格，送料等以外に購入者等が負担すべき金銭があるときには，その内容および額
9	商品に隠れた瑕疵がある場合に，販売業者の責任についての定めがあるときは，その内容
10	いわゆるソフトウエアに関する取引である場合には，そのソフトウエアの動作環境
11	商品の売買契約を2回以上継続して締結する必要があるときは，その旨及び販売条件
12	商品の販売数量の制限等，特別な販売条件（役務提供条件）があるときには，その内容
13	請求によりカタログ等を別途送付する場合，それが有料であるときには，その金額
14	電子メールによる商業広告を送る場合には，事業者の電子メールアドレス

(2) 販売方法の種類と特徴

販売方法も多様化しているが，大きくは店舗販売と無店舗販売に分類できる。店舗販売は店舗を構えて販売するもの，無店舗販売は商品の在庫を保管する場所だけをもち店舗は構えず販売する形態である。販売方法の種類と特徴を表10-8に，店舗販売と無店舗販売の違いを表10-9に示す。

この他，特殊な販売方法に消費生活協同組合（生協）がある。消費生活協同組合法（1948（昭和23）年制定）に基づいて設立された法人で，同じ地域に住む人，または同じ職場に勤務する人が，生活の安定と生活文化の向上を図る

表10-8　販売方法の種類と特徴

種類		特徴
店舗販売	専門店	特定の商品群を販売しており，店員に商品知識がある。
	百貨店	品揃えが豊富である。
	小売店	小規模なので店員とのコミュニケーションが取りやすい。

店舗販売	スーパーマーケット	日常生活に必要なものをセルフサービス方式で低価格で販売している。
	ディスカウントストア	耐久消費材や日用品を中心にセルフサービス方式で低価格で販売している。
	コンビニエンスストア	最低限の品揃えであるが長時間営業のため利便性が高い。セルフサービス方式で販売。やや割高。
無店舗販売	訪問販売	営業所以外で行われる販売。家庭や職場への訪問販売や路上でのキャッチセールスなども含まれる。
	通信販売	販売業者が新聞，雑誌，インターネット等で広告し，郵便，電話，電子メール等の通信手段により申込みを受ける取引のこと。カタログ販売，テレビショッピング，インターネット・ショッピングなどがある。

表10-9　店舗販売と無店舗販売の特徴

店舗販売	無店舗販売
店舗の存在が周知されており，消費者が主体的に店舗に出向くのが一般的な形である。スーパーマーケット，ディスカウントストア，コンビニエンスストア等はセルフサービス方式を導入している。	消費者が出向く店舗が存在しないため，訪問販売のように取引が不意打ちで始まり消費者が受け身になりやすい。通信販売の場合は消費者が広告を見て主体的に申し込む形ではあるものの実物を見ないで注文をすることに伴うリスクがある。

ため，相互の助け合いにより自発的に組織する非営利団体である。

(3) 支払い方法の種類と特徴

キャッシュレス化の進行により代金の支払い方法も多様化しているが，現在のところ主として用いられているものは現金払いとカード払いである。カードには，プリペイドカード，デビットカード，クレジットカードがあり，3種類のカードの特徴は表10-10に示すとおりである。それぞれのカードの長所と短所を理解した上で適切に管理，利用することが求められる。

表10-10　カードの種類

種類	プリペイドカード	デビットカード	クレジットカード
支払い時期	前払い	即時払い	後払い
内容	前もって現金と交換に購入するカードで，現金同様の機能をもつ。図書カードや交通系ICカード等がある。	現金と同様即時決済が可能なカードである。ただし，口座残高分しか利用できない。	商品やサービスの代金をその場で支払わず，信用（クレジット）に基づいて後払いにするカードである。

第5節　環境に配慮した生活

1．自分の生活と身近な環境との関わり

私たちは，大量生産，大量消費社会の中で，自然界から採取した資源を消費し，廃棄物等を排出しながら生活しており，知らず知らずのうちに自分たちの生存を支える環境に負荷を与えてきた。

環境省が実施した一般廃棄物処理事業実態調査の結果（平成28年度）によると，2016（平成28）年度における全国のごみ総排出量は4,317万トン（東京ドーム約116杯分）で，一人一日当たりのごみ排出量は925グラムである。これを排出形態別にみると，生活系ごみが3,018万トン，事業系ごみが1,299万トンで，生活系ごみが約7割を占める。

環境への負荷を低減するために循環型社会に合ったライフスタイルが求められており，リサイクルを促進するための法律や制度が整備されている。表10-11に示した容器包装リサイクル法と家電リサイクル法は，その代表的な法律である。

表10-11　リサイクルを促進するための法律

容器包装リサイクル法（容器包装に係る分別収集及び再商品化の促進等に関する法律）	家庭から排出されるごみの重量の約2～3割，容積で約6割を占める容器包装廃棄物について，リサイクルの促進等により，廃棄物の減量化を図るとともに，資源の有効利用を図るため，1995（平成7）年6月に制定され，1999（平成11）年4月から本格施行された法律である。

家電リサイクル法（特定家庭用機器再商品化法）	循環型社会を実現していくため，使用済み廃家電製品の製造業者等及び小売業者に新たに義務を課すことを基本とする新しい再商品化の仕組みを定めた法律である。1998（平成10）年6月に制定され，2001（平成13）年4月から施行されている。

2. 環境に配慮した生活

近年，リサイクルを促進するための法律・制度の整備及び環境問題に対する生活者の問題意識の高まりから，ごみの排出量は減少傾向にある。ごみの排出量を減らすための取組の背景には表10-12に示すとおり，リデュース，リユース，リサイクルという考え方があり３Ｒと称されている。

表10-12　3Rとは

３Ｒ	意味	事例
リデュース（Reduce）	物を大切に使い，ごみを減らすこと。	・必要ない物は買わない，もらわない。 ・買物にはエコバッグを持参する。
リユース（Reuse）	使える物は，繰り返し使うこと。	・いらなくなった物を譲り合う。 ・詰め替え用の製品を選ぶ。
リサイクル（Recycle）	ごみを資源として再び利用すること。	・ごみを正しく分別する。 ・ごみを再生して作られた製品を利用する。

なお，環境保全に積極的に取り組む企業の商品や環境に配慮された商品を優先して購入する消費者は，グリーンコンシューマーと呼ばれている。表10-13は，リユース，リサイクルを行う際に参考になるマークである。

表10-13　リユース・リサイクルのマーク

マーク	名称	意味
スチール	飲料用スチール缶識別マーク	スチール製の飲料缶の分別回収とリサイクル促進のための識別マーク。「資源の有効な利用の促進に関する法律（資源有効利用促進法）」によってスチール缶への表示が義務付けられている。

	飲料用アルミ缶識別マーク	アルミ製の飲料缶の分別回収とリサイクル促進のための識別マーク。「資源有効利用促進法」によってアルミ缶への表示が義務付けられている。
	PETボトル識別マーク	PETボトルの分別回収とリサイクル促進のための識別マーク。「資源有効利用促進法」によってPETボトルへの表示が義務付けられている。
	グリーンマーク	古紙を原料に利用した製品であることを識別するために表示されるマークである。
	牛乳パック再利用マーク	使用済み牛乳パックを原料として使用した商品に付けられるマークである。
	ペットボトルリサイクル推奨マーク	ペットボトルリサイクル推奨マークは，ペットボトルを再生加工した原料で作られた製品（衣料品等）に表示されるマークである。
	ガラスびん リターナブルマーク	日本ガラスびん協会が認定するリターナブルガラスびんに付けられるマークである。

第6節　指導における留意点

小学校の「消費生活・環境」に関する学習は，実践的・体験的な学習活動を通して，消費生活や環境に関する知識及び技能を身に付けるとともに，それらを用いて課題を解決する力を養い，身近な消費生活と環境を快適かつ安全・安心で豊かなものにすることが期待されている。とりわけ，スマートフォンやパソコン利用者の低年齢化，インターネットを通じた情報通信サービスの普及などにより，大人と子どもの垣根が低くなっており，氾濫する情報を鵜呑みにすることなく合理的に思考・判断できる能力が求められている。

小学校では，「買物の仕組みや消費者の役割」が新設されたのを受け，中学校における「売買契約の仕組み」や「消費者の基本的な権利と責任」「消費者被害の背景とその対応」の基礎になる学習活動を展開する必要がある。また，これまでと同様，環境に関する学習との関連を図ることにより，限りある資源（物や金銭等）が大切であることや，自分の生活が身近な環境に与える影響に気付かせ，持続可能な社会の構築に向けて，主体的に生活を工夫できる消費者としての素地を育てる必要がある。

内容の指導に当たっては，家族や地域の人々との関わり（家族・家庭生活），調理実習（食生活），被服実習（衣生活），住まいの整理・整頓，清掃（住生活）等との関連を図り，実習の材料や文房具等生活で使う身近な物を取り上げ，児童や家族の生活と結びつけて考え，実践的に学習できるよう配慮したい。また，社会科や理科，総合的な学習の時間など他教科等との関連を図る必要もある。

なお，児童によって家庭生活の状況が異なることから，個々の家庭の状況を把握し，家庭や地域の人々の理解と協力を得て，各家庭や児童のプライバシーを尊重しながら適切に学習活動を行う必要がある。

課　題

1. 店舗で買物をする時と通信販売で買物をする時の留意点を整理し，比較してみよう。
2. キャッチセールス等の問題商法に巻き込まれた時に取るべき行動の手順を整理してみよう。
3. 環境への負荷を減らすために何ができるだろうか。具体的な取組事例を調べてまとめよう。

参考文献

池﨑喜美恵編著『教科指導法シリーズ　小学校指導法　家庭』玉川大学出版部，2011年
環境省 環境再生・資源循環局廃棄物適正処理推進課「一般廃棄物の排出及び処理状況等（平成28年度）について」平成30年3月
消費者庁『ハンドブック消費者2014』全国官報販売協同組合，2014年
坂東俊矢・細川幸一『18歳から考える消費者と法（第2版）』法律文化社，2014年
文部科学省『小学校学習指導要領（平成29年告示）解説　家庭編』東洋館出版社，2018年

第11章
家庭科の指導計画

2017（平成29）年告示の新学習指導要領では，カリキュラムマネージメントの充実が示された。教師としての力量をつけるために，具体的な指導をイメージして，どのような授業をつくっていくのか，その方策についての理解が必要である。授業ができるかできないかは，教材研究とともに授業づくりに向けた計画・立案すなわち学習指導案の充実が大きく関わってくる。本章では指導計画の意義や種類，学習指導案の具体的な作成方法について解説していく。

キーワード　学習指導案　年間指導計画案　題材案　時案

第1節　指導計画作成の意義

1．授業づくりと指導計画

家庭科教育の意義や役割，目標や内容，方法等について理解し，教育課程における位置付けなどを把握したならば，具体的な指導のあり方としての授業づくりについて考えていく必要がある。教師の指導力は授業に反映される。そのためには，授業時数や学習環境，その他様々な条件を踏まえた上でどのような児童を対象に，いつごろ（どのようなタイミングで），何を，どのように指導するのかといった指導計画が重要になってくる。授業づくりの土台ができていればこそ，児童とともに作る学びが展開できる。

家庭科では，知識だけでなく技能の習得もあるため，実習中心の授業も多い。準備や片付けなども考慮しなければならないので，全体構想を整えることが大切である。また一つ一つの授業についても，導入から最後のまとめまでをどのように展開させていくのか，そこに教材や教具の生かし方や教師の関わりをどのように組み入れていくのか，思いを反映させていくのかなどプランを立てた上で臨むことはとても重要である。

2．指導計画の重要性

学習指導を進めるためには，授業のためのプランニングの仕事が必要である。教師は児童と直接関わる実際の授業を担当するが，そのための土台となる準備・計画段階も，重要な指導のプロセスである。この指導計画の作成をとおして，例えば，小学校教育における家庭科の果たす役割を見つめなおし，他の教科との重複あるいは連携の可能性などについても気付くことができる。指導計画の作成は学習指導に臨むための大切な役割を担っている。

第2節　指導計画作成における留意事項

1．学習者の実態把握

授業の構成要素には，指導者（教師）と学習者（児童生徒）及び教材などがある。指導者である教師は，学習者である児童生徒（以下本書では小学校段階なので児童と記す）の興味や関心，すでに習得している知識や技能，そして家庭や地域の環境についても，その実態を把握しておくとよいだろう。家庭科は家庭生活の具体的な営みを学習対象にしているため，学校で学んだことを各自の家庭生活で実践し，日々の生活に生かしていくことで実践力が高まっていく。この実践力を培うためには，学校での家庭科の学習が児童の実態とかけ離れたものになっては創意工夫にも繋がらないだろう。

高学年の児童への理解とともに，授業で関わっている一人一人についてしっかり受け止め，生活経験や生活実態の把握にも心がけよう。さらに地域の状況や季節の変化への意識をもつことも，年間指導計画の作成では重要になってくる。

2. 学習目標の明確化

児童の実態や児童を取り巻く様々な環境について把握した上で，家庭科の学習そのものが人間教育として児童にどのように関わっていけるのかを確認しておくとよいだろう。学習目標を明確にすることは，家庭科の本質とは何かを考えることに繋がっていく。初等教育段階での学びは，まさに人間教育に繋がるものである。家庭科で育てようとしている事柄などについて，目標を明確にしておこう。

3. 学習指導要領に明記された配慮事項

指導計画を作成する際に，学習指導要領に明記されている「配慮事項」を確認しておかなければならない。2017（平成29）年告示の学習指導要領には，小学校家庭科について，教科の目標や内容だけでなく，以下のような指導計画作成上の配慮事項が明記されている。

1 指導計画の作成に当たっては，次の事項に配慮するものとする。

(1) 題材など内容や時間のまとまりを見通して，その中で育む資質・能力の育成に向けて，児童の主体的・対話的で深い学びの実現を図るようにすること。その際，生活の営みに係る見方・考え方を働かせ，知識を生活体験等と関連付けてより深く理解するとともに，日常生活の中から問題を見いだして様々な解決方法を考え，他者と意見交流し，実践を評価・改善して，新たな課題を見いだす過程を重視した学習の充実を図ること。

(2) 第2の内容の「A家族・家庭生活」から「C消費生活・環境」までの各項目に配当する授業時数及び各項目の履修学年については，児童や学校，地域の実態等に応じて各学校において適切に定めること。その際，「A家族・家庭生活」の(1)のアについては，第4学年までの学習を踏まえ，2学年間の学習の見通しをもたせるために，第5学年の最初に履修させるとともに，「A家族・家庭生活」，「B衣食住の生活」，「C消費生活・環境」の学習と関連させるようにすること。

(3) 第2の内容の「A家族・家庭生活」の(4)については，実践的な活動を家庭や地域などで行うことができるよう配慮し，2学年間で一つ又は二つの課題を設定して履修させること。その際，「A家族・家庭生活」の(2)又は(3)，「B衣食住の生活」，「C消費生活・環境」で学習した内容との関連を図り，課題を設定できるようにすること。

(4) 第2の内容の「B衣食住の生活」の(2)及び(5)については，学習の効果を高めるため，2学年間にわたって取り扱い，平易なものから段階的に学習できるよう計画すること。

(5) 題材の構成に当たっては，児童や学校，地域の実態を的確に捉えるとともに，内容相互の関連を図り，指導の効果を高めるようにすること。その際，他教科等との関連を明確にするとともに，中学校の学習を見据え，系統的に指導ができるようにすること。
(6) 障害のある児童などについては，学習活動を行う場合に生じる困難さに応じた指導内容や指導方法の工夫を計画的・組織的に行うこと。
(7) 第1章総則の第1の2の(2)に示す道徳教育の目標に基づき，道徳科などとの関連を考慮しながら，第3章特別の教科道徳の第2に示す内容について，家庭科の特質に応じて適切な指導をすること。

4. 学習評価の重要性

学習指導と学習評価は表裏一体と言われている。指導計画等を作成し（Plan），それを踏まえた教育活動を実施し（Do），そして児童の学習状況や指導計画等の評価を行う（Check）ことで，次の指導計画等の改善に繋げること（Action）ができる。

2017（平成29）年告示の学習指導要領では「主体的・対話的で深い学び」が重視されたが，この視点からの指導改善をとおして各教科等における資質・能力を確実に育成するために，学習評価は重要な役割を担っている。学習目標と繋げ評価計画も検討しておこう。

5. 他の教科や特別活動等との関連

指導計画を作成する際には，他教科や特別活動などについても確認しておく必要がある。家庭科は家庭生活そのものが総合的であるため，学びの内容が他教科と重複することがある。該当する教科について，第4学年までの学習の蓄積と第5学年からの指導内容を把握しておくことで，家庭科として指導する際のタイミングが工夫でき，児童ら学習者には学習への理解と定着が効果的になる。

家庭科に関連すると思われる記述がみられる教科は「生活科」「社会科」「理科」「体育（保健）」「道徳」などである。（第2章第2節3参照）第1・2学年で履修する生活科は，小学校低学年児童の特性を考慮した教科であるが，内容の「(2)家庭生活に関わる活動を通して，家庭における家族のことや自分でできることなどについて考えることができ，家庭での生活は互いに支え合っていることが分かり，自分の役割を積極的に果たしたり，規則正しく健康に気を付けて生活したりしようとする」は，家庭科での「A家族・家庭生活」の(2)家庭生活と仕事で扱う内容と関連している。さらに「(9)自分自身の生活や成長を振り返る活動を通して，自分のことや支えてくれた人々について考えることができ，自分が大きくなったこと，自分でできるようになったこと，役割が増えたこと等が分かるとともに，これまでの生活や成長を支えてくれた人々に感謝の気持ちをもち，これからの成長への願いをもって，意欲的に生活しようとする」についても，上記と同様「A家族・家庭生活」の(1)自分の成長と家族・家庭生活での内容に繋がるものである。生活科は体験や活動を通し，児童一人一人による五感を駆使しての気付きを重視している教科である。抽象的かつ論理的思考が未発達な低学年児童と，心身共に成長著しい高学年児童とでは，発達段階に大きな違いがあるため，全く同じ内容の学習が展開されるわけではないが，このような低学年段階での学習が導入となって，第5学年からの家庭科の学習に繋がってくると考えられる。

次に6年間履修する体育にも，特に3年生から学ぶ保健の学習には，健康で安全な生活を営む資質についての学習目標や内容が明記されている。このような食事を含めた健康管理の学習は，家庭科での食事の役割や栄養を考えた食事の学習内容に大いに関連している。

さらに第3学年から履修する「理科」や「社会科」でも，家庭科の実践に役立つ基礎・基本の知識が登場している。教科横断的な学習内容を実践に繋げているのが家庭科と言えるが，理科や社会科で学んだことを確認したり活用するとよいだろう。

なお，道徳の時間などとの関連も意識する必要がある。特別の教科である道徳科の「家族愛，家庭生活の充実」は家庭科の「A家族・家庭生活」で扱う「家庭生活を大切にする心情を育む」学習に繋がる。「B衣食住の生活」で扱う生活文化に関する教材は，道徳科の「伝統と文化の尊重」で生かすことができる。2017（平成29）年告示の学習指導要領には，年間指導計画の作成などに際して，道徳教育の全体計画との関連，指導の内容及び時期などに配慮し，両者が相互に効果を高め合うようにすることが大切であると明記されている。

一方教科ではないが「総合的な学習の時間」も，問題解決型の学習スタイルが家庭科と共通している。さらに2005（平成17）年に制定された食育基本法は，子どもたちの生きる力の基盤として重視され，栄養教諭を中心に学校給食や総合的な学習の時間を活用して実施されることが多い。栄養に関する知識を中心とした内容は，「B衣食住の生活」の食生活領域の学習内容と重なっている。

すべての学校に配属されているわけではないが，栄養教諭との連携も視野に入れた指導計画が求められる。

6. 中学校技術・家庭科との関連

1998（平成10）年告示の学習指導要領までは，中学校で学ぶ技術・家庭科の家庭分野や高等学校家庭科での学習内容との連携が捉え難かった。しかし2008（平成20）年告示の学習指導要領からは中学校技術・家庭科の内容との系統性や連続性が重視され，2017（平成29）年告示の学習指導要領では改訂の趣旨の具体的な改善事項において「家庭科，技術・家庭科家庭分野の指導内容については，次の3点から示し方を改善することが求められる。第一には，小・中・高等学校の内容の系統性の明確化である。児童生徒の発達を踏まえ，小・中・高等学校の各内容の接続が見えるように，小・中学校においては，「家族・家庭生活」，「衣食住の生活」，「消費生活と環境」に関する三つの枠組みに整理することが適当である。また，この枠組みは，「生活の営みにかかる見方・考え方」も踏まえたものである」と記されており，中学校技術・家庭科だけでなくその後の高等学校家庭科との関連も強調された。

義務教育段階で，生涯を見通した生活の基盤となる能力と，実践的な態度を着実に育てていくことが求められている。特に小学校段階では基本的な知識や技能が重視され，生活をよりよくしようと工夫する能力と実践的な態度の育成を目指している。指導計画の作成には，これらを生かした内容構成を検討する必要がある。

第3節　指導計画作成の基本

1. 指導計画の種類

指導計画の作成にはいくつかの手順がある。全体を俯瞰し骨格作りとなる年間指導計画案と，学習内容ごとにまとめていく，いわば一つ一つのパーツのような題材指導計画案，それらを具体的に実行するための1単位時間の指導計画を示した時案の3つである。時案は一般的には学習指導案と言われるものであるが，なかには「教案」と表現しているものもある。時案は指導計画を詳細に記載した密案又は細案と，要点のみを示した略案とに分けることができる。状況に応じ使い分けをしている。

指導計画の作成において比較的用いられている用語について，本書では以下のように捉えて使用することにする。

①「教材」とは，教師（指導者）と児童（学習者）の間を媒介する教育テーマをもったものであり，具体的な物から抽象的な事柄やメッセージなど内容を指す場合も含めている。

②「題材」とは，関連する学習内容を指導の単位としてまとめたものであり，いくつかの教材が集まってひとかたまりを形成している。小学校家庭科の教科書（開隆堂と東京書籍の2社から発行）は，ほとんどが題材ごとの掲載になっており，目次の具体的なタイトルなどは小題材名になっていることが多い。

③「単元」とは，教材のひとまとまりや教える内容の一区切り，あるいはプロジェクトそのものを示している。発見学習の場合は探究のひとまとまりを「単元」と表現したりする。題材と類似して使用することが多い。本書では単元の意味も含めて主に「題材」を使用することにする。

2. 題材の構成と配列

学習指導要領に明記されている学習内容は，教科の目標を受けて2学年分を領域ごとにまとめている。題材の構成に当たっては，実際に関わっている児童たちの地域や家庭の実態を考慮し，独自の題材構成を工夫する必要がある。指導効果を目指し，内容面の相互関連を図りながら，児童たちが生活を実感として捉えることができる題材，生きる力の育成に繋がるような題材を取り上げ，思考過程に沿った課題解決学習になるよう工夫するようにする。

題材の配列に関しては，一般的に①基礎的・基本的なものから応用・発展的なものへ，②単純なものから複雑なものへ，③身近で具体的なものから抽象的なものへ，④自分自身のことから広い範囲のことへ，あるいは逆に⑤全体的把握から部分的なものへといった流れなどが考えられる。これら題材相互の系統性や発展性を意識して配列すれば，児童もスムーズに知識や技能を身に付けることができ，問題解決学習へと繋がるだろう。他教科との関連性や学校行事，季節や年中行事などとも関わらせることで，さらに有意義な学びになる。なおこれらを考慮した上で，年間授業時数の範囲内で，各題材への配当時間を工夫する必要がある。

2017（平成29）年告示の学習指導要領では，「A家族・家庭生活」の（1）「自分の成長と家族・家庭生活」について，第4学年までの学習を踏まえ，2学年間の学習の見通しをもたせるガイダンスとして，第5学年の最初に履修させるとともに，「A家族・家庭生活」「B衣食住の生活」「C消費生活・環境」の各内容の学習と関連させるようにすることが明記されている。一方，ABCの3区分で示されているものの，これらは指導の順序や3つの内容別に指導することを示しているものではなく，実際の指導では各内容・各項目の指導の順序を工夫し，指導事項の関連を図って題材を構成し，2学年間を見通して適切に配列して効果的な学習指導ができるよう，年間指導計画を作成するようにすることも明記されている。

3. 年間指導計画案

年間指導計画案は，第5及び第6学年の2年間にわたるプランを示したものである。小学校における家庭科教育の全体を網羅する最も基本的な指導計画といえる。学校教育法施行規則によると，年間の授業時数は第5学年の家庭科が60単位時間，第6学年では55単位時間となっている。1998（平成10）年告示の学習指導要領により公立学校の完全週5日制が実施され，総合的な学習の時間の導入もあり，家庭科は授業時間数が削減された。かつては毎週2時間続きの授業が実施されていたが，現在は変則的になり学校独自の教育課程に任されている。

年間指導計画の作成に当たっては，第5学年と第6学年を分け，学期ごとに作成する。夏休み前までを1学期，夏休みが明けて冬休み前までが2学期，年が明けて3月末までを3学期とする3学期制をとっている学校もあれば，夏休みを含めて9月いっぱいあたりまでを前期，10月以降3月末までを後期とする2学期制で実施しているところもある。授業時間の確保のための工夫がとられている。

指導計画の作成に当たり，1題材はなるべくその学期内に終了するように時間配分を考慮し，年間の総合計が前述の第5学年60単位時間，第6学年55単位時間になるように，題材数や配当時間を決めなければならない。実際には学校行事や想定外の事態で，予定していた授業が実施できなくなる場合もあるが，計画段階ではあくまでも年間の授業時数を遵守し，バランスの取れた年間指導計画になるようにしておくことが大切である。

表11-1に年間指導計画案の例を示す。第5学年で基礎・基本を学び，それを発展・応用した内容を第6学年で学習するように構成している。さらに長期の休みの前には家庭での実践課題もしくは自分自身のチャレンジ課題を確認させ，休みが明けた最初の授業はその報告の時間にした。このような機会があれば，以前はうまくできず分からなかったことが，家庭生活の中でチャレンジしたことでできるようになり，課題解決にも繋がっていくだろう。自分の成長も実感できるのではないかと考えたプランである。

表11-1　年間指導計画案例（2年間の系統性を見通した題材配列一覧）

	第5学年（60時間）		第6学年（55時間）	
学期	題材名（時数）	小題材名	題材名（時数）	小題材名
1学期	1. 家庭科の授業開き (1)	1. 家庭科ってどんな教科かな 2. 家庭科室を探検しよう	1. 実感しよう自分の成長と周囲の環境 (9)	1. できるようになったこととこれからのめあて 2. 家族との触れ合いを振り返ろう 3. 地域の人々との交流を考えよう
	2. 見つめてみよう自分のことや家庭生活 (4)	1. 自分の成長を自覚しよう 2. 家庭生活って大事だね		
	3. やって納得。食事の役割と調理の基礎 (15)	1. なぜ食べるの 2. やってみよう初めての調理 3. 加熱調理で気をつけること	2. こだわってみようバランスを考えた食事作り (14) （夏休みに向けて）	1. 何を食べているのだろう 2. 献立作成に挑戦 3. 1食分を作って食べよう
	4. チェックしよう衣服と手入れの方法 (5) （夏休みに向けて）	1. 衣服を着るのはなぜだろう 2. 衣服を快適に着る工夫		
2学期	（チャレンジ報告） 1. 手縫いの技に挑戦しよう (13)	1. 手縫いの基礎 2. 調理実習で活用するものを作ろう	（チャレンジ報告） 1. ミシン縫いに挑戦しよう (14)	1. ミシン縫いと手縫いの違い・ミシンの操作方法 2. 生活を豊かにするための作品製作：思考/計画・準備/製作・活用（再検討）
	2. おいしく作ろうご飯とみそ汁 (10)	1. 目指せお米の粒博士 2. 目指せおみその豆博士		

	(冬休みに向けて)	3. 調理実習（手縫いの作品―ふきん等も活用しよう） 4. 日本の伝統的な食べ物を調べてみよう	2. 取り組んでいこう環境を考えたやさしい住まい方 (8) (冬休みに向けて)	1. 環境に優しい住まい方とは（季節に合わせた過ごし方の工夫） 2. 人に優しい住まい方とは（明るさ，換気，暖かさと涼しさ，安全性） 3. 年末大掃除大作戦
3学期	(チャレンジ報告) 1. やってみよう住まい方の工夫と身の回りの整理整頓 (7) 2. ここまでの学びを振り返ろう (4) 3. 1年間のまとめ (1)	1. いつも利用する場所の再点検 2. 自分の身の回りをもっと快適に 1. 6年生への卒業プレゼントを考えよう 2. 6年生をお祝いしよう 自分の成長を実感しよう	(チャレンジ報告) 1. 上手に使おう生活の資源 (7) 2. 家庭科での学びの振り返りをしよう (3)	1. 生活の資源には何があるだろう 2. お金や時間を計画的に使うために 3. 中学校生活に向けて 卒業プロジェクト 家庭生活における課題解決実践の報告

4. 題材案

年間を把握できる年間指導計画案に対し，題材案は学習内容の一つのまとまりとして，構造や系統を明らかにするものであり，本時の指導計画の前提ともいえる重要な部分を担っている。題材についての学習のねらいや概要なども示すが，一般的な形式は以下のとおりである。

(1) 題材名（大題材名と表現することもある）

題材の学習内容を表現した名称にする。口語的な題材名を付けることもあるが，簡略で明確な題材名が適している。

(2) 題材設定の理由

なぜ本題材を設定したのか，以下3つの観点から作成するとよい。1つ目は，児童たちの興味や関心，生活環境やクラスの状況等を述べる児童観である。2つ目は，題材についての説明や題材に対する教師の考えと，児童たちが学ぶ内容を述べる教材観である。そして3つ目が，どのように取り組もうとしているのか，指導や支援の仕方についての考えなどを述べる指導観である。これらの要素を盛り込んで作成するようにする。

(3) 目標

児童が目指す学習目標を示す。教科の目標や学年の目標を反映し，児童にどのような能力を身に付けてほしいのかを明らかにする。2017（平成29）年告示の学習指導要領では，目標の明記が統一され，重視する資質・能力の育成として3つの教科目標で示すことになっている。なお「学習目標」として示す場合は，学習者の立場での表現を用いるようにする。例えば以下のような書き方が参考になるだろう。

①知識及び技能
　表現例「…が分かり…することができる，…を理解している，…ができる」等
②思考力・判断力・表現力等
　表現例「…について考える，…を工夫している，…への思いを伝えている」等
③学びに向かう力・人間性等
　表現例「意欲的に…する，すすんで…しようとする，積極的に…取り組む」等

(4) 指導計画

題材全体の指導計画を示す。題材を構成する各まとまりを小題材として扱い，授業時間数も配当する。配当時間はその題材の構成及び内容によって異なるが少ないものは3～5時間，多いものは10時間を超える時間を充てているものまで様々である。少ない時間の例として，年間指導計画案例で示した第5学年1学期の指導計画から，以下のような題材案を示す。本題材案は家庭科の授業開きをした後で，本格的にスタートする最初のものである。これからの家庭科の学びのガイダンス的な要素も含んだ題材案である。

（例）第5学年1学期　題材名（大題材名）見つめてみよう自分のことや家庭生活
　第1次　自分の成長を自覚しよう　1時間
　第2次　家庭生活って大事だね　3時間
　計4時間

(5) 指導過程

指導計画で立てた小題材が，どのようなプロセスで展開されていくのかを，いくつかの項目に従い示しておく。項目例として①～⑤のようなものがあり，マトリックス表にした場合横軸に設定し作成する。

①学習内容

内容が伝わるようなタイトルを書いておく。多くは小題材名がこれに該当する。

②学習活動

「学習」活動なので児童を主体にして，学習内容に対する児童の活動について書いておく。表現例としては「…に取り組む」などである。

③教師の支援・指導上の留意点

学習の主体者である児童に対し教師はどのようなサポートをするのか，どのような働きかけをするのかなど，児童への学習支援について書いておく。表現例としては「…気付くように…する」「…するように促す」「…を示し…させる」などである。

④時間

指導計画（前述）で配当した時間数を書いておく。

⑤準備・資料

教材や教具などの具体的なものを学習活動に沿って書いておく。

〈指導過程の記載例〉

	学習内容	学習活動	教師の支援・留意点	準備・資料	時間
第1次	自分の成長を自覚しよう	入学した頃と今とを比べ，成長したと思える事柄の発見に取り組む	1年生が使用する椅子や教科書などの展示，紹介などで，入学した頃のイメージがつかめるようにする	1年生が使用する椅子や机，教科書など	1

(6) 評価

児童の学習への取り組み状況から，目標で示した事柄がそれぞれ達成できているかどうかを評価する。目標での表現と関連させて3つの観点別に示すと分かりやすい。ここでは評価規準として，具体的に知識や技能面はどうか，思考や判断や表現に関してはどうか，また学びに向かう力・人間性等については，「主体的に学習に取り組む態度」はどうかの観点ごとに，明記しておくとよいだろう。さらに具体的な評価方法とあわせ示しておくと分かりやすい。

5. 時案

時案とは，題材案の指導計画に示した1時間もしくは2時間の授業に該当する「本時」についての詳細を示した指導計画案である。研究授業（教育実習中のものも含む）などの時は，前述の題材案も含めた「家庭科学習指導案」を作成し，授業参観者に提示・配布する。形式は必ずしも統一されていないが，一般的な書式として表11－2の類が多い。

まず中央にやや大きくタイトルを書き，右肩に授業日や時間帯，対象クラス，児童数，教室や指導者の名前などを書いておく。指導者名部分に押印があるものもあるが，これは正式の学習指導案であることを示している。「1．題材名」から「4．指導計画」までは，題材案で作成したものがそのまま活用できる。しかし本時の学習指導案であるので，題材全体の指導計画のどこに該当するのかを，配当時間欄に「(本時)」もしくは「(本時は●／△時，●や△は数字)」で示しておくことが必要である。その後に示す「5．本時の指導」は以下のとおりである。

(1) 小題材名

本時の学習内容を書く。題材の指導計画で明記したものを再度示しておく。

(2) 本時の目標

題材全体の中で示された学習目標のうち，本時の学習内容に対応する目標を書く。項目別に詳細に示すというよりも，学習者を主体にした表現で，分かりやすく簡潔に示すことを心がけて作成する。

(3) 本時の展開

本時をどのように進めていくのか，授業の流れについてのプランをマトリックス（一覧表）にして書く。一般的に縦軸に学習の過程や時間の流れ（時程）を書き，横軸に対応する学習内容や活動，学習支援や関連する教材・教具あるいは資料準備などを書く。題材案で作成した指導過程を本時バージョンに応用して作成するものであると考えれば分かりやすいだろう。45分（1単位時間の授業）もしくは90分（2単位時間の授業）で，どのように授業が展開していくのかを時程に沿って示していく。学習過程である3つの段階は以下のような内容を書くことになる。

【第1段階】導入（前半の数分間，全体の10～15%の時間を配当）

学習者である児童をスムーズに授業に導くためには，興味や関心をもたせることが大切である。本段階では，児童の学習へのきっかけとなるような動機付けと意欲を引き出す教材の準備が求められる。また前時から続く授業の場合は，どこまで学習したのか，どのような課題があったかあるいは課題をやってきているかなどの確認も行い，本時の内容や目標などを明確にする大切な段階である。ただし，この段階はあくまでもこれからの学習へのはじめの一歩であるので，多くの時間を配当しないように気を付けよう。

【第2段階】展開（導入後の大部分，全体の70～80%の時間を配当）

導入段階で学習課題が明確になったところで，本時のメインの時間帯であり学習課題解決への取り組みが活発になる段階である。学習者である児童が主体であることはもちろんだが，学習支援のために教師がどのような働きかけをするのか，手立てや教材・教具はどうするのかなど十分検討する必要がある。

【第3段階】整理・まとめ（本時の最後の部分，全体の10～15%の時間を配当）

本時の総括の段階である。学習の展開の中で得られた知識や技能，あるいは考えたり工夫したり発表したりなど取り組んだ事柄を振り返り，全体的なまとめを通して学習の定着を図ったり課題を確認したりする段階である。次回までの課題の確認も含めた「次時の確認」もしくは「次時予告」（教師側）も最後に忘れないように示しておく。

なお本時の展開部分における縦軸や横軸の枠組みには下記のように色々ある。学習者である児童を主体に，児童の立場からの書き方を中心に据えるものが多い。それぞれの枠組みにそって適切な表現を工夫し作成するとよいだろう。

【縦軸の枠組み例】

過程（時程）	学習内容	学習活動	教師の働きかけ・評価☆
めあてをもつ/つかむ			
見通す/深める			
まとめる/生かす			

【横軸の枠組み例】

過程（時程）	子どもの意識と学習活動	教師の関わり
導入 展開 整理		

過程（時程）	学習活動	子どもの意識の流れ	教師の働きかけ・評価
導入 展開 整理			

過程（時間）	学習内容と学習活動	指導上の留意点	資料
導入（　分） 展開（　分） 整理（　分）			

(4) 本時の評価

本時の学習目標に対し達成できたかどうかを，具体的な視点で示す。本時のみの評価であるので，目標と同様焦点を絞り簡潔で分かりやすい表現で示すことを心がけよう。

表11-2　時案の形式例

家　庭　科　学　習　指　導　案

日　時　○○年　○月○日（○曜日）○校時
学　級　○年○組　○名
教　室　○○室
指導者　○○○○

1. 題材名
2. 題材設定の理由

3. 題材の目標

4. 指導計画（内容の区分と時間計画）
　第1次　○○○　………　○時間
　第2次　○○○　………　○時間（本時）
　⋮　⋮　⋮　⋮
　⋮　⋮　⋮　⋮
　計○○時間
5. 本時の指導
　(1) 小題材名
　(2) 本時の目標
　(3) 本時の展開

過程（時間）	学習内容	学習活動	指導上の留意点	準備・資料
導入 （　　分）				
展開 （　　分）				
整理 （　　分）				

(4) 本時の評価

出所：『小学校家庭科教育研究』2009より作成

第4節　指導計画作成の実際

本節では指導計画案の具体例を示しておく。

1．年間指導計画案例

表11-3及び表11-4には，平成29年告示の学習指導要領に基づき，教科書会社が令和2年度小学校教科書の内容解説資料として提示した，第5学年用と第6学年用の年間指導計画（題材一覧表）を紹介する。2年間を通じて学ぶ15個の大題材名（題材名に該当，p. 175表11-1）のもと，それぞれに題材名（小題材名に該当）が(1)から(3)で明記されている。これは学びを3段階で配置し，課題の確認（気付き）から工夫･振り返りなどを経て実践に繋げたプランである。

表11-3　2020（令和2）年度「新しい 家庭」（第5学年）　年間指導計画

月	学期		大題材名	時数	題材名
4	1学期（20時間）	前期（26時間）	ガイダンス 1時間 ★他教科との関連：特活，生，社，理	1	目次 成長の記録 学習の進め方
5			1．私の生活，大発見！ 4時間 ★他教科との関連：理	1	(1) どんな生活をしているのかな
				2	(2) 自分にできそうな家庭の仕事を見つけよう
				1	(3) できることを増やしていこう
6			2．おいしい楽しい調理の力 6時間	1	(1) 調理の目的や手順を考えよう
				4	(2) ゆでる調理をしよう
				1	(3) 工夫しておいしい料理にしよう
7			3．ひと針に心をこめて 9時間	1	(1) 針と糸を使ってできること
				7	(2) 手ぬいにトライ！
				1	(3) 手ぬいのよさを生活に生かそう
9			4．持続可能な暮らしへ　物やお金の使い方 6時間	1	(1) 上手に選ぶために考えよう
				4	(2) 買い物の仕方について考えよう
				1	(3) 上手に暮らそう

10	2学期（25時間）	後期（31時間）	5．食べて元気！ご飯とみそ汁 10時間 ★他教科との関連：社，理，体	1	(1) 毎日の食事を見つめよう
				8	(2) 日常の食事のとり方を考えて，調理しよう
				1	(3) 食生活を工夫しよう
11			6．物を生かして住みやすく 7時間 ★他教科との関連：社	1	(1) 身の回りや生活の場を見つめよう
				5	(2) 身の回りをきれいにしよう
12				1	(3) 物を生かして快適に生活しよう
			7．気持ちがつながる家族の時間 2時間	0.5	(1) 家族とふれ合う時間を見つけよう
				1	(2) わが家流団らんタイム
				0.5	(3) 団らんを生活の中に生かそう
1	3学期（12時間）		8．ミシンにトライ！手作りで楽しい生活 11時間	1	(1) ミシンぬいのよさを見つけよう
2				9	(2) ミシンにトライ！
3				1	(3) 世界に一つだけの作品を楽しく使おう
			5年生のまとめ	1	
*			生活を変えるチャンス！	3	
合計				60	

*生活を変えるチャンス！は学習指導要領で新設されたA(4)の「家族・家庭生活の課題と実践」に対応した項目です。指導要領では，2学年間で一つまたは二つの課題を設定して履修させることとしています。ここでは，時期は特定せず，5年生で1回，6年生で1回の実践を想定しています。

出所：東京書籍Web版・令和2年度（2020年度）小学校教科書紹介ページより https://ten.tokyo-shoseki.co.jp/text/shou/?utm_source=t&utm_medium=m&utm_campaign=226

表11-4　2020（令和2）年度「新しい 家庭」（第6学年）　年間指導計画

月	学期		大題材名	時数	題材名
4	1学期（20時間）	前期（34時間）	9．見つめてみよう生活時間 2時間 ★他教科との関連：体，道	0.5	(1) 生活時間を見つめてみよう
				1	(2) 生活時間を工夫しよう
				0.5	(3) 生活時間を有効に使おう
			10．朝食から健康な1日の生活を 10時間	1	(1) 朝食の役割を考えよう
5				8	(2) いためる調理で朝食のおかずを作ろう
				1	(3) 朝食から健康な生活を始めよう

6			11. 夏をすずしくさわやかに 8時間 ★他教科との関連：社，理，体	1	(1) 夏の生活を見つめよう
7				6	(2) すずしくさわやかな住まい方や着方をしよう
				1	(3) 夏の生活を工夫しよう
9	2学期（24時間）		12. 思いを形にして生活を豊かに 14時間	1	(1) 目的に合った形や大きさ，ぬい方を考えよう
10				12	(2) 計画を立てて，工夫して作ろう
11				1	(3) 衣生活を楽しく豊かにしよう
		後期（18時間）	13. まかせてね　今日の食事 10時間 ★他教科との関連：体	1	(1) 献立の考え方を考えよう
12				8	(2) 1食分の献立を立てて，調理しよう
				1	(3) 楽しく食事をするために計画を立てよう
1	3学期（8時間）		14. 冬を明るく暖かく 5時間 ★他教科との関連：社，理	1	(1) 冬の生活を見つめよう
2				3	(2) 暖かい着方や住まい方をしよう
				1	(3) 冬の生活を工夫しよう
			15. あなたは家庭や地域の宝物 2時間 ★他教科との関連：社，道	0.5	(1) 家族や地域の一員として
3				1	(2) 私から地域につなげよう！広げよう！
				0.5	(3) もっとかがやくこれからの私たち
			2年間のまとめ	1	
＊			生活を変えるチャンス！	3	
			合計	55	

＊生活を変えるチャンス！は学習指導要領で新設されたA(4)の「家族・家庭生活の課題と実践」に対応した項目です。指導要領では，2学年間で一つまたは二つの課題を設定して履修させることとしています。ここでは，時期は特定せず，5年生で1回，6年生で1回の実践を想定しています。

出所：東京書籍Web版・令和2年度（2020年度）小学校教科書紹介ページより https://ten.tokyo-shoseki.co.jp/text/shou/?utm_source=t&utm_medium=m&utm_campaign=226

次に表11-5に千葉大学教育学部附属小学校教諭，古重奈央先生作成の年間指導計画を紹介する。古重教諭は作成に当たり様々な配慮をしていることが分かる。具体的な配慮事項は，児童と身近に関わっている現場教師ならではの視点として大変参考になるためそのままを紹介する。

表11-5　家庭科年間指導計画（千葉大学教育学部附属小学校）

5年

月	学習内容	時数
4月	家庭科ガイダンス (8) ・成長の振り返り，家庭科室探検 (2) ・べっこうあめ作り（ガスこんろの使い方）(2)	4
5月	・家の仕事探し (2) ・お茶をいれてみよう（食器の準備・片付け）(2) 針と糸を使って (8) ・裁縫セットの使い方，玉結び，玉どめ，フェルトに名前の縫いとり (2)	6
6月	・玉結び等復習，布巾に名前の縫いとり (2) ・ボタンつけ，なみ縫い (2) ・小物作り (2) 考えよう　物やお金との関わり (6) ・自分の持ち物・家族の考え方 (2)	8
7月	・収入と支出，消費と環境 (2) ・ガイドブック作り (2)	4
9月	野菜を調理しよう (8) ・きゅうりの即席漬け（包丁の扱い，切り方）(2) ・ほうれん草のおひたし（葉野菜のゆで方）(2) ・にんじんの調理実験（根野菜のポイント）(2)	6
10月	・野菜のゆで方，掲示物づくり (2) ミシンを使ってみよう (8) ・ミシン調査をしよう，から縫い (1) ・糸をかけて練習 (2) ・ミシン製作計画，布の選び方 (1) ・ランチョンマット作り① (2)	8
11月	・ランチョンマット作り② (2) 自分にあった片付け方 (4) ・片付け座談会・私の持ち物 (2) ・とっておく物・手放す物 (1) ・私の片付けチャート作り (1)	6
12月	ご飯とみそ汁 (10) ・ご飯を炊く方法調べ（ビーカーでの試し）(2) ・鍋で炊いてみよう（おにぎり作り）(2)	4
1月	・みそ汁飲み比べ（だしのとり方）・計画 (2) ・だしの選択, 1人1杯みそ汁計画 (2) ・みそ汁調理実習 (2)	6
2月	新しい縫い方に挑戦 (6) ・練習布で本返し縫い, 半返し縫い(2) ・つくりを観察，ティッシュケース裁断 (2)	4
3月	・ティッシュケース作り (2) 家庭科学習振り返り (2) ・「しあわせ」ってなあに	4
年間指導時数	60時間	

6年

月	学習内容	時数
4月	朝食作り (8) ・いろいろな朝食 (2) ・「ゆでる」「炒める」比べ (2)	4
5月	・食材の選び方 (1) ・朝食づくり計画・エコ計画 (1) ・朝食調理実習 (2)	4
6月	ミシンで作ろう (8) ・いろいろなバッグの仕組み観察・計画 (2) ・ミシンの復習 (2) ・ミシンでの製作 (4)	8
7月	快適な住まい (6) ・快適な住まいとは (1) ・住まいの明るさ, 涼しさ, 風通し (3) ・住まいでの家族の関わり (2)	6
9月	お金の使い方を考えよう (4) ・生活での「お金」(1) ・修学旅行の小遣い, 買う物の選択(1) ・買う物の選択，身のまわりの物の扱い (2)	4
10月	いろいろな布 (4) ・3種類の布観察（織る・編む・固める）(2) ・フェルトづくり（「繊維を固める」こと）(2) 衣類の着方・手入れ (4) ・「着る」ことについて考えよう (2)	6
11月	・靴下を洗ってみよう (2) 給食オリジナル献立 (4) ・献立づくりについて（栄養士）(1) ・献立づくり (2) ・グループ内評価，クラス代表献立審査 (1)	6
12月	1人1品弁当作り (5) ・弁当用調理ガイドブックづくり (2) ・弁当作り計画 (1) ・弁当作り実習 (2)	5
1月	クリーン大作戦 (4) ・身のまわりのよごれ (2) ・よごれに合ったそうじの仕方 (2)	4
2月	時間の使い方について考えよう (2) おやつを作ろう（卒業パーティ）(4) ・おやつ作りの計画 (2) ・おやつ作り (2)	6
3月	これまでの成長とこれから (1) 家庭科学習の振り返り (1) ・「家族」について考えよう	2
年間指導時数	55時間	

※学習内容の（　）内の数字は時数

年間指導計画作成に当たり配慮した事項
〈児童の思い〉
・5年生の4月は家庭科の授業のスタートなので，早く何かを作って食べてみたいという願いが強い。
・注文した裁縫用具が5月中旬に届くため，早く使ってみたい子どもが多い。
〈学校行事〉
・5年生の9月下旬，林間学校のカレー作りで包丁を使うため，それまでに包丁の使い方を学習しておきたい。
・6年生の9月下旬，修学旅行に小遣いを持っていくため，その前にお金に関する学習を計画したい。
・ミシンで作ったバッグは，修学旅行に持っていけるように，夏休み前に学習を終わらせたい。
・5，6年生ともに，10月下旬の文化祭の作品展示に，家庭科の作品を出すことができるように，ミシンでの製作を配置したい。
〈他教科〉
・5年生が総合的な学習の時間にみそづくりをするので，そのみそを調理実習で使いたい。
・体育の幅跳びの学習で靴下が汚れる時期に，靴下の手洗いの授業を計画したい。
〈季節〉
・衣服の手洗いの学習は，水が冷たい真冬は避けたい。
・快適な住まいの学習は，温度や風通しも扱うので，夏場に設定したい。
〈全体のバランス〉
・楽しみにしている調理実習を行う時期が偏らないように，配置したい。

出所：伊藤，2018　p.44–45

2. 家庭科学習指導案作成例

年間指導計画案例（表11–1）や題材案例で提示した授業プランを，表11–2の書式を活用し家庭科学習指導案の作成例として示しておく（表11–6）。

表11-6　家庭科学習指導案の作成例

家　庭　科　学　習　指　導　案

日　時　令和○年　○月○日（○曜日）　○校時
学　級　5年○組　計○名
教　室　家庭科室
指導者　＊＊＊＊＊　㊞

1. 題材名　見つめてみよう！　自分のことや家庭生活

2. 題材設定の理由
児童たちは5年生になり，はじめて家庭科を学ぶにあたり期待と不安でいっぱいである。4年生までとはどこか違う，高学年の雰囲気も漂わせているが，まだ全員にその自覚は見当たらない。これまで低学年における「生活科」の学びの中で「自分の成長」について見つめ，気付く学びを経験してきたが，高学年になった現在あらためて自分の成長を実感できている児童は少ないようだ。

成長・発達には個人差があるため，クラス全員について同じ手法で確認することは無理である。また他者と比較して，自分が成長できていないなどとネガティブに感じてしまっては本末転倒である。それぞれが以前はできなかったことができるようになったり，人の話を聞くことができるようになったりなど，自分を客観的に見つめ，自己の変化に気付くことで自分自身の成長に気付くような題材を設定したいと考えた。

一方本クラスは家庭環境も一様ではなく，保護者の就業状況も色々である。中には家庭の複雑な事情を抱えている児童もいるため，プライバシーへの配慮も必要である。また，あるべき家庭像の押し付けのような学習は児童の意欲をそいでしまう。それぞれの家庭生活を客観的に見つめ，良いところや改善したいところを発見できるような学習を心がけたい。

本題材の対象である自分のことや家族・家庭生活のことは私的なことであるために，学習の対象として意識しづらいが，自分を支えてくれている人やものへの気付きや，自己肯定感を得られる学びは大切にしたい。これから学んでいく家庭科の視点が，自分のことや自分と関わる人のこと，また家庭生活を中心とした日々の生活に直結していることを確認し，学んだことを家庭でも実践していくことを意識して設定した。

3. 題材の目標

①以前と比べ変化がみられる自分を自覚でき，成長していることを理解できる。家庭の働きを知り，改善に向けた家庭生活へのかかわりができる。(知識・技能)

②調べたことや発見したことを，自分なりに工夫しまとめることができる。家庭生活の実態把握から見つけた課題に，解決策を考え実行できる。(思考力・判断力・表現力等)

③自分のことを見つめ，成長している自分を肯定的に受けとめようとする。家庭生活についても意欲的に調べ色々発見しようとしている。(学びに向かう力・人間性等)

4. 指導計画（4時間扱い）

第1次　　自分の成長を自覚しよう……1時間（本時）

・低学年の時と今の違いを発見しよう。

・以前の自分と今の自分，どこがどんな風に変わったか振り返ろう。見付けよう。

第2次　家庭生活って大事だね……3時間

・家ではどんなことをしているか思い出してみよう。
・家ではだれがどのように過ごしているか調べてみよう。
・生活時間の記録をつけて比較しよう。
・(家族) インタビューや観察をしてみよう。
・家庭生活調べからどのようなことが分かったか。

①自分が自分のためにやっていること
②誰かが自分のためにやってくれていること
③自分が誰かのためにやっていること
④今はまだやっていないがこれからやってみたいと思っていること
⑤今はまだやってあげられないがこれからやってあげようと思っていること

など，それぞれの理由や考えを含めまとめよう。

計4時間

5. 本時の指導

(1) 小題材名：自分の成長を自覚しよう

(2) 本時の目標：自分自身についてできるようになったことや分かるようになったことなどを意識して見付けようとし工夫してまとめることで成長した自分についての気づきができる。

(3) 本時の展開

過程(時間)	学習内容	学習活動	指導上の留意点	準備・資料
導入 (5分)	違いを見つける	実物や写真などにより二者を比較する。	比較しやすい二者（筍と竹など）の実物または写真を見せながら，成長に伴い違いが表出することへの気づきを促す。	二者の相違が分かる実物や写真など
	めあての確認	本時のめあてを確認する	本時のめあてを示す	
展開 (30分)	1年生にタイムスリップ	1年生の椅子に座ってみたり，上履きや教科書など1年生の時に身につけていた	発達や成長が実感できる資料を提示する。視覚化により以前の自分の状況を思い起	1年生の椅子や上履き，教科書など 学校にあるア

		ものや使っていたものを手にしながら，4年前の頃を思い出す	こさせ，年齢による違いに気付かせる。	ルバムなど
	見付けてみよう。考えてみよう。自分自身の「以前と今との違い」①②③について	自分自身について ①以前はできなかったことで今はできるようになったことを3つ探す（発表） ②以前は嫌だったけれど今は嫌ではなくなったことを3つ探す（発表） ③以前は分からなかったけれど今は分かるようになったことを3つ探す（発表）	自分自身について思い浮かべやすいように例を挙げ，発問する。なかなか発見できない児童に対し，考えのヒントを与える。 例：学校生活ではどうか？　家庭生活ではどうか？　など 何人かの児童に発表させる（言葉かけをしつつ①⇒②⇒③へ）	
	発見した違いの振り返りと成長の確認	自分についてのいろいろな発見をワークシートにまとめる	児童の発表から，以前と今の違いのまとめをワークシートに記入するよう指示する （机間巡視しつつ）沢山書けている人も少ない人も見付けられたことを認める	ワークシート
まとめ（10分）	自分自身の成長の実感	ワークシートにまとめたことを見直しながら，自分の成長をあらためて実感する（発表）	自分の確実な変化である成長を，自他ともに認め，それを大切にしていくことを確認する	
	次時確認	課題及び次時予定について確認する	次時の予告	

（4）本時の評価

・自分の成長について気付いているか（知識・技能）

・考えたり発見したりしたことを，ワークシートに工夫してまとめているか。（思考・判断・表現）

・積極的に自分自身について，できるようになったことや分かるようになったことなどを見付けようとしているか。（主体的に学習に取り組む態度）

出所：『小学校家庭科教育研究』2009，『小学校指導法　家庭』2011より作成

課　題

1. 指導計画の作成意義とは何か。また作成時の留意点についてもまとめよう。
2. 授業（模擬授業）をすると仮定し，学習指導案を作成しよう。

参考文献

池﨑喜美惠編著『新版　小学校家庭科授業研究』教育出版，2009年
池﨑喜美惠編著『教科指導法シリーズ　小学校指導法　家庭』玉川大学出版部，2011年
伊藤葉子編著『新版　授業力UP　家庭科の授業』日本標準，2018年
鈴木明子編著『小学校新学習指導要領ポイント総整理家庭』東洋館出版社，2017年
文部科学省　国立教育政策研究所教育課程研究センター『「指導と評価の一体化」のための学習評価に関する参考資料　小学校家庭』2020年

第12章 家庭科の教材教具と学習環境

家庭科は実験，実習，製作などの実践的活動を行うので，学習効果を高めるには充足した施設・設備が必要である。しかし，学校によっては家庭科の施設・設備や備品が不備であったり，管理上問題があったりなど十分整備されていないケースもある。本章では，家庭科の目標を達成する上でも，家庭科教室の施設・設備はどうあるべきか，管理運営の仕方はどうすべきかについて概説する。

また，児童が家庭科を正しく認識し，実践的な態度を育成するには，家庭科教師の実践活動が影響する。教師に求められる人間的資質，家庭科を担当する教師に求められる資質や能力について考え，教師力をいかに習得すべきかを概説する。

キーワード　施設・設備　教材教具　実習室の管理　教師の研修

第1節　家庭科施設・設備

1．家庭科教室の施設・設備の必要性

家庭科は衣食住などに関する実践的・体験的な活動を通して，生活をよりよくしようとする資質・能力を育成することを目標としている。そのため，基礎的な知識や技能を習得するために製作や実験・実習などの実践的・体験的な学習活動を展開するので，学習活動に応じた施設や設備を備えた家庭科教室が必要である。施設とは，建物や建物に取り付けられた調理台や流し，ガスや水道の配管，電気の配線などを指す。設備とは，机や椅子，実習で使用する食器や調理用具など，移動することができるものを指す。

義務教育諸学校等の施設費の国庫負担等に関する法律施行令（2015（平成27）年改正）によると，小学校には，特別教室として，理科教室，生活教室，音楽教室，図画工作教室，家庭教室，視聴覚教室，コンピュータ教室，図書室，特別活動室，教育相談室がある。家庭科の教室もその中に含まれている。家庭科の学習を効果的に進めるためには，家庭科教室の施設・設備を充実し，用具の手入れや収納を工夫し，教育環境を整えておくことが必要である。

2．家庭科教室の種類と整備

家庭科教室の種類には，被服実習室，調理実習室，家庭総合実習室，準備室などがある。義務教育諸学校の施設を整備するため，義務教育諸学校施設費国庫負担法により国からの補助を受けている。学校の総面積は学校の種類や学級数により制限があるので，家庭科関係の教室も規模によって制限される。

学校現場における家庭科教室の設置の仕方として，次の3例が一般的である。

①被服実習室，調理実習室など目的に応じた教室を設置し，整備をする。それぞれの学習をする上でも，管理をする上でも独立させた方が望ましいが，小学校では，あまり採用されていない。

②1教室を被服実習のためのスペースと調理実習のためのスペースとに分け，2つの目的別の整備をする。

③1教室を複数の目的で使用する。被服実習や調理実習や，他の学習も1つの教室で学習する。調理台の流しとガス台の上にふたをし，その上で作業をする。小学校ではこの家庭科教室のあり方が多い。

2019（平成31）年3月に改正された小学校施設整備指針では，第4章各室計画，第2 学習関係諸室，11 家庭教室では，次のように家庭科教室の計画・設計を示している。

(1) 編成する集団の数，規模等に応じ，設備，機器等を必要な間隔で適切に配置することのできるような面積，形状等を計画することが重要である。
(2) 必要に応じ，調理や被服に係る実習のための器材，道具，教材・教具等を収納できる空間を室内にコーナー等として計画することも有効である。
(3) 2室計画する場合には，総合的な利用も考慮しつつ，実習内容に応じ，分化させることも有効である。
(4) 食物に係る実習のための空間については，会食用机を配置することのできる空間を設けることも有効である。

(5) 被服に係る実習のための空間については，作品を展示する空間を確保し，必要に応じ，住居に係る学習を行うことのできる空間を確保することが望ましい。
(6) 教材等の準備，材料や用具，機器等の収納のための準備室を，実習のための教室に隣接して計画することが重要である。また，準備室内等に，必要に応じ被服に係る実習における製作途中の作品等を一時的に保管できる空間を設けることが望ましい。

例えば，器具類や食器類などは収納棚にラベルを貼ったり，収納の状態の写真を貼って分かりやすくしておくことも必要であろう。また，被服実習では細かい作業が多いので，教室の採光や照明に配慮することや，製作用具を収納するための戸棚や陳列棚，掲示板など壁面を有効に利用するなど，教師が使いやすいように工夫しなければならない。

第2節　家庭科の教材教具

小学校家庭科用実習台・椅子は，JIS規格 S1080で定められていたが，1999（平成11）年9月に規格が廃止されている。現在は，メーカーのカタログを参照して購入するようになっている。また，1985（昭和60）年，文部省の「公立義務教育諸学校の教材費の地方一般財源化」の通知によって，義務教育諸学校の教材の整備については，国庫負担が廃止され，地方交付税により財源措置をすることになった。

子どもが使用する用具に関し，2019（令和元）年，新学習指導要領の趣旨や昨今の技術革新，学校における働き方改革の進展等を踏まえ「教材整備指針」が一部改訂された。学校全体で共用可能な教材として，①発表・表示用教材，②ICT教材，③道具・実習用具教材，④実験観察・体験用教材，⑤情報記録用教材の5つに分類した。

家庭科では表12-1に示すように，③道具・実習用具教材として，衣生活関連教材のうちアイロンや電気洗濯機，ミシンや裁縫用具セットなど，食生活関連教材としてコンロ，炊事用具セット，鍋類，容器類，ホットプレート，計量器，食品成分検査用具などが例示されている。

また，④実験観察・体験用教材では，住生活関連教材として，照度計，温湿度計，簡易騒音計などが示された。

表12-1　小学校教材整備指針

教科等	機能別分類	整理番号	例示品名	目安番号	新規
家庭	発表・表示用教材	176	黒板（栄養黒板，献立黒板など）	⑧	
		177	教授用掛図（家族･家庭生活，衣･食（五大栄養素，食品の主な働きなど）・住の生活や文化，消費生活・環境に関するもの）など	⑧	△
		178	標本（基礎縫い，布地など）	⑧	
		179	模型（食品，献立，住居など）	⑧	
		180	教師用教具（裁縫用具，栄養指導用具など）	⑧	
	道具・実習用具教材（衣生活関連教材）	181	カード教材（食品カード，献立カードなど）	⑧	
		182	電気アイロン	⑤	
		183	アイロン台	⑤	
		184	噴霧器	⑤	
		185	電気洗濯機	①	
		186	手洗い関係用具（洗濯板，たらいなど）	⑥	
		187	ミシン及び付属品	⑥	
		188	裁縫板	⑤	
		189	裁縫用具セット	⑤	
		190	大鏡	①	
	（食生活関連教材）	191	コンロ	⑥	
		192	炊事用具セット	⑤	
		193	鍋類（両手鍋，片手鍋，フライパンなど）	⑤	
		194	容器類（しょうゆ・ソース入れ，油入れなど）	⑤	
		195	食器類（和食器，洋食器，はし，スプーン，フォークなど）	⑦	
		196	調理用生ゴミ処理機	①	
		197	電子オーブンレンジ	④	
		198	ホットプレート	⑤	
		199	電気冷凍冷蔵庫	①	
		200	エアタオル	①	
		201	IHクッキングヒーター	⑤	
		202	電気炊飯器	⑤	
		203	上皿自動秤	⑤	
		204	計量器	⑤	
		205	食品成分検査用具（塩分計，糖度計など）	④	
		206	整理用教材（電気掃除機，清掃用具，まな板包丁滅菌庫など）	⑧	

	実験観察・体験用教材（住生活関連教材）	207	照度計	⑤	
		208	温湿度計	⑤	
		209	簡易騒音計	⑤	○

（教材整備にあたっての留意点）

1. 下表の考え方により教材整備の目安を番号により示している。各学校及び教育委員会においては，これらの目安を参考にしつつ，各教材の必要数量（整備目標）を定めるなどして，計画的な整備を図ることが望まれる。

単　位	整備の目安	
	番　号	目　　安
Ⅰ．学校	①	1校あたり1程度
Ⅱ．学年	②	1学年あたり1程度
Ⅲ．学級	③	1学級あたり1程度
Ⅳ．グループ（1学級分）	④	8人あたり1程度
	⑤	4人あたり1程度
	⑥	2人あたり1程度
	⑦	1人あたり1程度
Ⅴ．その他	⑧	とりあげる指導内容等によって整備数が異なるもの

2.「新規」欄には，「教材整備指針」（平成23年4月28日付け23文科初第182号）に例示した教材との比較において，新規に例示した教材に「○」印を，例示内容を一部見直した教材に「△」印を付しているので，教材整備の参考とされたい。

出所：http://www.mext.go.jp/component/a_menu/education/detail/__icsFiles/afieldfile/2019/08/06/1316723_2_2.pdf より一部掲載

児童にどこにどんな用具や資料があるか分かるように収納場所にラベルを貼ったり，収納してある物が何か分かるように写真を撮って貼るなど，工夫しておくことも必要である。グループごとに食器や調理用具を収納して子どもたちが使えるようにしておくと，片付けるときに分かりやすく，整理・整頓もしやすい。

教室の設備や備品は，保守・点検が大切である。設備や備品を整備したり，保守・点検をするためには，品名，備品番号，数量，購入年月日，価格などを台帳に記入したり，パソコンなどに入力しておくとよい。

家庭科教室の施設・設備は，新しい時代の要求を満たすものであり，整備の状況によっては，指導計画に支障をきたしたり，指導に困難が生じたりする。また，児童の学習意欲や学習効果にも影響が生じる。したがって，実践的・体験的な学習を進める家庭科にとっては，家庭科室の管理や施設・設備の整備・充足を確実に行っておくことが必要である。

第3節　家庭科の教師

1．教師の資質

子どもたちに「生きる力」を育む教育を授けることが期待される今日，教員に求められる資質や能力について考えてみると，まず，培った幅広い視野を教育活動に積極的に生かすことが求められる。さらに，教員という職業自体が社会的に特に高い人格・識見を求められる性質のものであることから，生涯にわたり資質や能力の向上を図るという前提に立って，全教員に共通に求められる基礎的・基本的な資質能力を確保するとともに，さらに積極的に各人の得意分野づくりや個性の伸長を図ることが大切である。結局は，このことが学校に活力をもたらし，学校の教育力を高めることに資するものと考える。

そして，教員が自信と誇りをもって教壇に立ち，社会の尊敬と信頼を得ることを目指すために教員免許更新制が導入された。教員免許状（2009（平成21）年4月1日以降に授与されたもの）の有効期間は10年間と定められ，満了の際には，申請により更新することができ，施行前（2009年3月31日まで）に授与された免許状を有する教員等は，10年ごとに免許状更新講習を修了したことの確認を受けなければならず，30時間以上の講習を修了できなかった者の免許状は，その効力を失うことになった。

教員養成の分野についても，子どもたちの学ぶ意欲の低下や社会意識・自立心の低下，社会性の不足，いじめや不登校などの深刻な状況など学校教育の抱える課題が複雑・多様化する中で，高度な専門性と豊かな人間性・社会性を備えた力量ある教員が求められた。このため，教員養成教育の改善・充実を図るべく，高度専門職業人養成としての教員養成に特化した専門職大学院として「教職大学院」制度が2007（平成19）年に創設された。

2．望ましい家庭科の教師

家庭科が生活事象を学習対象とし，実践を通して体験的に学ぶことが求められてきたことから，女性の教師であれば担当できると考えられてきた。しかし，今日の生活問題は家庭の中だけでは処理できないし，複雑・高度になってきた。健康で安全な生活を営むためには，関連諸科学と連携をとりながら総合的に処理していくことが重要である。そのためには法令上の資格を取得することはいうまでもないが，次のような資質が望まれる。

①家庭科を担当する教師は，人間性豊かで，社会人，家庭人として豊富な知識や生活経験をもっている。

②教育に情熱をもち，子どもに愛情をもっている。

③子どもの心身の発達や生活環境の変化を把握している。

④家庭科に関する幅広い知識や技能を習得している。

⑤分かりやすい授業が展開でき，子どもの学習意欲を引き出す指導技術をもっている。

⑥生活現象を科学的に追究し，社会や家庭の変化に対応しようとする学究的態度や生き方を身に付け，実践している。

これらの条件は家庭科教師として理想であるが，すべてを身に付けることは困難なことである。教育に携わっていくなかで身に付けていく努力が必要である。

3. 家庭科教師の研修

家庭科の授業をするためには，家庭科に関する専門的な知識や技術を習得しておかなければならない。授業力として，「授業を構成する力」「教材を開発する力」「授業を即興的に変えていく力」が専門的力量として家庭科の授業をすることによって教師に身に付いてくる。

家庭科を指導する教師は，絶えず研修に努めなければならない。変化のめまぐるしい今日，家庭科の指導には新しい情報を収集して，児童に提示しなければならない。そのためには，次のようなことに鋭意努力する必要がある。

①家庭科に関わる資料，例えば，専門書や専門雑誌などを購読したり，インターネットを活用して関連団体のホームページや関係資料を検索し，常に新しい情報を収集するよう努める。

②文部科学省，教育委員会，民間団体等が開催する講習会や研究会，例えば，家庭科実技講習会，免許法認定講習などに参加し，新しい情報を得る。

③教員の有志が組織している家庭科研究会や全国家庭科教育協会（ZKK），全国小学校家庭科教育研究会（全小家研），日本家庭科教育学会，一般社団法人日本家政学会などに加入し，会員同士の交流や情報交換をする。

④他校を見学し，家庭科の施設・設備や指導の現状を参考にする。

⑤料理や裁縫などの技術を専門的に熟練した人から学び，技能の向上を図る。
⑥大学院で学び，より専門的な知識を得たり，研究のテーマを見つけ，研究を深め，現場の実践に還元する。夜間大学院や現職のまま大学院で学ぶことができる現職教員の研修が充実してきたので，機会を捉えて自己研鑽を積む。
⑦社会や教育界の趨勢に関心をもち，広い視野をもって家庭科教育を構想する。

このように，家庭科を担当する教師の自己研修の場や機会はたくさんあるので積極的に参加し，教育上の課題に取り組み，研鑽に努めなければならない。しかし，現場での繁忙さのため研究時間にゆとりがないことや，研修のための時間が取りにくいなどの問題があるので，改善していくことも大切である。

課　題

1. 家庭科を効果的に指導するには，家庭科の施設や設備の整備・運営にどのような配慮が必要か，具体的に考えよう。
2. 家庭科と他の教科や総合的な学習の時間などで家庭科室を併用する場合，どのようなことに配慮すべきか，まとめよう。
3. 家庭科を担当する教師の研修の必要性と研修の方法について調べよう。

参考文献

池崎喜美恵・滝山桂子・増茂智子編著『家庭科指導法』玉川大学，2001年
池崎喜美恵・田部井恵美子・青木幸子・仙波圭子『第2版　家庭科教育』学文社，2018年
伊藤葉子編著『新版　授業力UP　家庭科の授業』日本標準，2018年

第13章

家庭科教育の今日的課題と展望

家庭科は，体験を通して思考力・判断力・表現力などを鍛えるという方向性が示され，生活をよりよくしようと工夫する資質・能力を育てることを目指すために，小学校の教育課程の中に位置付けられている。今日の社会や家庭生活の変容に伴って，今後の家庭科に課された課題は山積している。2020（令和2）年度から施行される学習指導要領のもとで，どのように教科理念を形成し，指導していったらよいのだろうか。本章では，家庭科の課題を整理しながら，あるべき家庭科の方向性を検討する。

キーワード　食育指導　生活の主体者　国際化　持続可能な社会

1．食育と家庭科教育

2005（平成17）年，食育基本法が施行され，さらに2006（平成18）年に学校教育法が改訂されたことに伴って，食育の推進を学校教育の全体活動として指導することが示された。栄養教諭の誕生により，食生活に関する指導は，これまで以上に意欲的に進められてきている。様々な実践報告がされているが，今まで家庭科が実践してきた指導とどこが異なるのか，疑問点が残る。家庭科でも食生活指導は，学習指導要領の改訂で重視されることになったが，どのような特徴的な内容や指導法を用いて指導するか，栄養教諭との協力や指導のすみ分けをどうするのか，検討する必要がある。

2．総合的な学習の時間と家庭科教育

家庭科が総合的な学習の時間に関わることには利点があり，家庭科の独自性

を示すことにより充実したものになる。しかし，家庭科がその中に取り込まれてしまうのではなく，総合的な学習の時間に貢献する教科であり続けるためには，家庭科独自の役割を明確にしなければならない。今日の教育の目的や子どもたちの生活の現状，社会的な要請等を斟酌して，家庭科の教育ビジョンを明示し，ミニマム・エッセンシャルズを規定することが必要である。そして，それらの教材化や指導法の検討も課題といえる。

3. 生活科と家庭科教育

生活科は第1・2学年に設定され，子どもが生活者としての立場にたち，家庭生活や学校生活，社会生活において必要とされる習慣や技能を習得し，生活の中で生かすことができるようにすることをねらいとしている。家庭科と生活科は第2章第2節でも述べたが，目標や学習内容，学習方法について類似している点が多々ある。しかし，小学校低学年で学習した家庭生活に関する内容は，中学年の2年間は学習する機会がなく，第5・6学年で再度取り扱われることになり，系統性がなく，学習の定着にも問題がある。小学校から高等学校までを通して，家庭生活に関わる学習をすることは生活者として必要なことである。総合的な学習の時間を活用して，低学年の生活科から高学年の家庭科へリンクする効果的な指導を考える必要がある。

4. 消費者教育・金銭教育と家庭科教育

家庭生活を学習対象とする家庭科では，消費生活に関する学習や消費者としての自立した行動は，今日の学習課題としては大きなウエイトを占めている。消費者教育は，1986（昭和61）年，国民生活審議会の「学校における消費者教育について」の答申により，学校教育への導入が要請された。これが1989（平成元）年の学習指導要領に反映され，それ以降，今回の改訂（2017（平成29）年）でも，家庭科と社会科において消費者教育の指導が強化された。また，金銭教育も健全な金銭感覚を養い，物やお金や資源を大切にして，自分の生き方や価値観を磨きながらより豊かな生活やより良い社会づくりに向けて主体的に行動できる態度を養うことを目指している。

消費者教育も金銭教育も家庭科教育も，生活の主体者として，社会形成者として，ふさわしい人間形成を意図する学校教育の目的に適っている。家庭科の学習が，消費者として生活者としての主体性を育成する機会となるためには，どのような内容や指導方法を工夫したらよいか検討しなければならない。

5. 環境教育と家庭科教育

便利で快適な生活の追及によってもたらされたのが，環境問題である。環境に負荷を与えない消費生活への転換が求められており，それを追究するのが家庭科の役目ともいえる。

消費者が購入行動をとるとき，商品が環境保全にとってどうであるか，販売方法はどうかなど，環境保全の点から判断して行動するのがグリーンコンシューマーである。グリーンコンシューマーの活動理念は，“Think Globaly, Act Localy”である。環境に配慮した行動を教師が示し，子どもたちがそれを実行するのではなく，子どもたち自身がどうしたらよいのか主体的に決定していくのが，本来の環境教育といえる。要するに，環境教育は消費者教育・金銭教育とも関連し，双方を関連させながら環境教育を展開していくことは，より重要性を増してくると思われる。家庭科のなかで日常の生活現象に目を向け，環境に配慮したライフスタイルを形成していくことが急務である。また，総合的な学習の時間のテーマの一つに環境問題が挙げられているので，家庭科からのアプローチとして生活のなかから環境問題を見いだし，その解決に向けて課題を設定し，取り組むことができるように積極的に関わっていくべきである。

6. 生活の技術と家庭科教育

小学校家庭科の育成する資質・能力の一つとして，知識・技能をあげていることは，技能が日常生活を主体的に送っていくためには必要なものであるといえる。実践的・体験的学習を進めていく家庭科にとって，技術・技能の習得は大きな課題である。しかし，科学技術が発達し，生活の合理化が図られてきた今日では，必要とされる生活上の技術や技能は変化してきている。例えば，コンピュータなどが社会や家庭の中に入り込んできた現代において，情報機器の操作技術や情報選択の技術の必要性は急速に増大してきた。また，安価なそしてデザインやサイズが豊富な既製服が入手できる現在，裁縫の技術よりは適正な商品を選択する選択眼の必要性が増してきた。このように，現在の社会生活や家庭生活で求めている技術とは何かを見極めていかなければならない。児童たちが将来に向けて有用だと感じることのできる生活スキルを，転移性・応用性のあるものとして習得していくこと，また，習得した知識や技術・技能が相互に関連し合って児童たちの中で総合化していくことを目指していかなければならない。

7. ESD（Education for Sustainable Development）と家庭科教育

21世紀に入り，超高齢社会や地球環境の確実な悪化，格差問題，健康などの問題が深刻となり，解決すべき課題として認識されるようになった。国連のSDGs（Sustainable Development Goals：持続可能な開発目標）に掲げられた，例えば貧困や飢餓，健康や教育などの17の目標がそれである。掲げられた課題は，個人や家族の命や生活に関わっており，家庭科との関連性は深い。家庭科の目標に「生活の営みに係る見方，考え方を働かせ」とあるように，持続可能な社会の構築の視点で生活を捉えることが示されている。家庭科の内容には持続可能性に関する項目が多く含まれている。家庭科をESDとして広めていくためには，持続可能性と各学習内容をリンクさせるとともに，指導方法を工夫していかなければならない。

その他，シティズンシップ教育と家庭科教育，生活文化の継承と家庭科教育，国際化と家庭科教育，情報化と家庭科教育，福祉問題と家庭科教育，防災と家庭科教育など，小学校の家庭科を取り巻く内容には様々な教育課題が内在している。また，指導者の資質・能力の問題や，カリキュラムにおける教科の位置付けなど，抱えている諸問題は枚挙にいとまがない。家庭科の指導を展開していくなかで，積極的にこれらの諸問題に関わって，望ましい家庭科の指導ができるようになることを期待する。

課　題

1. 小学校学習指導要領の改訂に伴って，家庭科教育にもたらされた課題にはどのような事柄があるか。また，それらに対応するための対策を考えよう。
2. 「生きる力」を養う家庭科として，具体的にはどのような指導が考えられるか。自己の意見を整理しよう。
3. これからの家庭科教育が目指す教科としてのあり方について，自己の考えを整理しよう。

参考文献

伊藤葉子編著『新版　授業力UP　家庭科の授業』日本標準，2018年

日本家庭科教育学会編『生活をつくる家庭科　第1巻個人・家族・社会をつなぐ生活スキル』ドメス出版，2007年
日本家庭科教育学会編『未来の生活をつくる―家庭科で育む生活リテラシー』明治図書，2019年
柳昌子・中屋紀子編著『家庭科の授業をつくる―授業技術と基礎知識―小学校編』学術図書出版社，2009年

索　引

■た

執筆者および執筆分担
池﨑喜美恵（いけざき・きみえ）編者，第1章，第2章，第3章，第4章，第5章，第12章，第13章
東京学芸大学教育学部名誉教授
増茂智子（ますも・ともこ）第6章，第7章，第11章
玉川大学教育学部非常勤講師
大塚吏恵（おおつか・りえ）第8章
宮城学院中学校高等学校非常勤講師
近藤　恵（こんどう・めぐみ）第9章，第10章
共立女子大学家政学部非常勤講師

教科指導法シリーズ　改訂第2版
小学校指導法　家庭

2011年2月25日　初版第1刷発行
2020年2月20日　改訂第2版第1刷発行
2021年2月15日　改訂第2版第2刷発行

編著者――――池﨑喜美恵
発行者――――小原芳明
発行所――――玉川大学出版部
〒194-8610　東京都町田市玉川学園6-1-1
TEL 042-739-8935　FAX 042-739-8940
http://www.tamagawa.jp/up/
振替　00180-7-26665
装幀――――しまうまデザイン
印刷・製本――株式会社クイックス

乱丁・落丁本はお取り替えいたします。

ISBN978-4-472-40581-5 C3337 / NDC375